高职高专工学结合课程改革规划教材

Qiche Weixiu Fuwu Qiye Guanli Ruanjian Shiyong

汽车维修服务企业管理软件使用

(汽车运用技术专业用)

交通职业教育教学指导委员会
汽车运用与维修专业指导委员会　组织编写

阳小良　廖　明　主　编
熊建国　主　审

人民交通出版社

内容提要

本书是高职高专工学结合课程改革规划教材,是在各高等职业院校积极践行和创新先进职业教育思想和理念,深入推进"校企合作、工学结合"人才培养模式的大背景下,由交通职业教育教学指导委员会汽车运用与维修专业指导委员会根据新的教学标准和课程标准组织编写而成。

本教材以汽车维修服务企业管理工作过程为主线,内容主要包括汽车维修服务企业管理软件认识、系统维修预约、系统接车登记、系统维修派工、系统维修结算、客户综合服务、汽车配件进销存管理、信息查询和统计等,共8个学习任务。

本书主要供高职高专院校汽车运用技术、汽车检测与维修专业教学使用。

图书在版编目(CIP)数据

汽车维修服务企业管理软件使用 / 阳小良,廖明主编. — 北京:人民交通出版社,2011.7
ISBN 978-7-114-09225-1

Ⅰ.①汽… Ⅱ.①阳…②廖… Ⅲ.①汽车维修业-工业企业管理-应用软件-高等职业教育-教材 Ⅳ.①F407.471.6-39

中国版本图书馆 CIP 数据核字(2011)第 121530 号

书　　名:	汽车维修服务企业管理软件使用
著 作 者:	阳小良　廖　明
责任编辑:	张　强
出版发行:	人民交通出版社
地　　址:	(100011)北京市朝阳区安定门外外馆斜街3号
网　　址:	http://www.ccpress.com.cn
销售电话:	(010) 59757973
总 经 销:	人民交通出版社发行部
经　　销:	各地新华书店
印　　刷:	北京鑫正大印刷有限公司
开　　本:	787×1092　1/16
印　　张:	14
字　　数:	321千
版　　次:	2011年7月　第1版
印　　次:	2017年7月　第2次印刷
书　　号:	ISBN 978-7-114-09225-1
定　　价:	30.00元

(有印刷、装订质量问题的图书由本社负责调换)

交通职业教育教学指导委员会
汽车运用与维修专业指导委员会

主 任 委 员：魏庆曜

副主任委员：张尔利　汤定国　马伯夷

委　　　员：王凯明　王晋文　刘　锐　刘振楼

　　　　　　　刘越琪　许立新　吴宗保　张京伟

　　　　　　　李富仓　杨维和　陈文华　陈贞健

　　　　　　　周建平　周柄权　金朝勇　唐　好

　　　　　　　屠卫星　崔选盟　黄晓敏　彭运均

　　　　　　　舒　展　韩　梅　解福泉　詹红红

　　　　　　　裴志浩　魏俊强　魏荣庆

秘　　　书：秦兴顺

编审委员会

公共平台组

组　　长：魏庆曜
副 组 长：崔选盟　周林福
成　　员：王福忠　林　松　李永芳　叶　钢　刘建伟　郭　玲
　　　　　马林才　黄志杰　边　伟　屠卫星　孙　伟
特邀主审：郭远辉　杨启勇　崔振民　韩建保　李　鹏　陈德阳

机电维修专门化组

组　　长：汤定国
副 组 长：陈文华　杨　洸
成　　员：吕　坚　彭小红　陈　清　杨宏进　刘振楼　王保新
　　　　　秦兴顺　刘　成　宋保林　张杰飞
特邀主审：卞良勇　黄俊平　蹇小平　张西振　疏祥林　李　全
　　　　　黄小敏　周建平

维修服务顾问专门化组

组　　长：杨维和
副 组 长：刘　焰　杨宏进
成　　员：韦　峰　罗　双　周　勇　钱锦武　陈文均　刘资媛
　　　　　金加龙　王彦峰　杨柳青
特邀主审：吴玉基　刘　锐　张　俊　邹小明　熊建国

保险与公估专门化组

组　　长：张尔利
副 组 长：阳小良　彭朝晖
成　　员：李远军　陈建宏　侯晓民　肖文光　曹云刚　廖　明
　　　　　荆叶平
特邀主审：文爱民　任成尧　李富仓　刘　璘　冷元良

前 言

为落实《国家中长期教育改革和发展规划纲要(2010—2020年)》精神,深化职业教育教学改革,积极推进课程改革和教材建设,满足职业教育发展的新需求,交通职业教育教学指导委员会汽车运用与维修专业指导委员会按照工学结合一体化课程的开发程序和方法编制完成了《高职汽车运用技术专业教学标准和课程标准》,在此基础上组织全国交通职业技术院校汽车运用技术专业的骨干教师及相关企业的专业技术人员,编写了本套规划教材,供高职高专院校汽车运用技术、汽车检测与维修专业教学使用。

本套教材在启动之初,交通职业教育教学指导委员会汽车运用与维修专业指导委员会又邀请了国内著名职业教育专家赵志群教授为主编人员进行了关于课程开发方法的系统培训。初稿完成后,根据课程的特点,分别邀请了企业专家、本科院校的教授和高职院校的教师进行了主审,之后又专门召开了两次审稿会,对稿件进行了集中审定后才定稿,实现了对稿件的全过程监控和严格把关。

本套教材在编写过程中,主要编写人员认真总结了全国交通职业院校多年来的教学成果,结合了企业职业岗位的客观需求,吸收了发达国家先进的职教理念,教材成稿后,形成了以下特色:

1. 强调"校企合作、工学结合"。汽车运用技术专业建设,从市场调研、职业分析,到教学标准、课程标准开发,再到教材编写的全过程,都是职业院校的教师与相关企业的专业人员一起合作完成的,真正实现了学校和企业的紧密结合。本专业核心课程采用学习领域的课程模式,基于职业典型工作任务进行课程内容选择和组织,体现了工学结合的本质特征——"学习的内容是工作,通过工作实现学习",突出学生的综合职业能力培养。

2. 强调"课程体系创新,编写模式创新"。按照整体化的职业资格分析方法,通过召开来自企业一线的实践专家研讨会分析得出职业典型工作任务,在专业教师和行业专家、教育专家共同努力下进行教学分析和设计,形成了汽车运用技术专业新的课程体系。本套教材的编写,也打破了传统教材的章节体例,以具有代表性的工作任务为一个相对完整的学习过程,围绕工作任务聚焦知识和技能,体现行动导向的教学观,提升学生学习的主动性和成就感。

前言

《汽车维修服务企业管理软件使用》是本套教材中的一本,在汽车运用技术专业中尚属新开课程。本教材紧跟市场上汽车维修企业自动化办公需求,依托国内常见的汽车维修服务企业管理教学软件,将汽车维修服务管理工作中需运用电脑与网络完成的工作通过8个学习任务完整体现。本书的突出特点是易学易用,在每一学习任务中将具体的操作方法与汽车维修实例相结合,理论联系实际,内容翔实,图文并茂。每个学习任务后附有技能考核项目,便于学生在熟悉汽车维修服务管理办公软件操作过程的同时,获得实际应用的经验与技巧。

本书中的工作人员、客户姓名均为虚构,如有雷同,纯属巧合。

参加本书编写工作的有:湖南交通职业技术学院的阳小良(编写学习任务2、3)、北京运华天地科技有限公司的廖明(编写学习任务1)、湖南交通职业技术学院的彭晓艳(编写学习任务4、5、6)、北京运华天地科技有限公司的张潇月(编写学习任务7)、北京运华天地科技有限公司的孙光胜(编写学习任务8)。天津职业技术师范大学的黄玮、台晓虹、高婷婷、成英老师对本书的编写提供了帮助,在此表示感谢。全书由湖南交通职业技术学院的阳小良、北京运华天地科技有限公司的廖明担任主编,青海交通职业技术学院的熊建国担任主审。

限于编者经历和水平,教材内容难以覆盖全国各地的实际情况,希望各教学单位在积极选用和推广本系列教材的同时,注重总结经验,及时提出修改意见和建议,以便再版修订时补充完善。

交通职业教育教学指导委员会
汽车运用与维修专业指导委员会
2011年6月

目录

学习任务1　汽车维修服务企业管理软件认识 ··········· 1
　一、知识准备 ·· 2
　二、任务实施 ·· 4
　　项目1　单机版软件的安装 ···························· 4
　　项目2　单机版系统维护管理 ·························· 7
　　项目3　单机版软件简单功能介绍 ···················· 17
　三、学习评价 ·· 29

学习任务2　系统维修预约 ································ 32
　一、知识准备 ·· 33
　二、任务实施 ·· 34
　　项目1　预约登记 ···································· 34
　　项目2　更新、取消、删除、执行预约 ················ 38
　　项目3　生成预约 ···································· 41
　　项目4　预约转前台 ·································· 44
　三、学习评价 ·· 47

学习任务3　系统接车登记 ································ 50
　一、知识准备 ·· 51
　二、任务实施 ·· 52
　　项目1　前台接待新增车辆基本信息 ·················· 52
　　项目2　前台接待增加维修项目 ······················ 55
　　项目3　前台接待增加维修用料 ······················ 58
　　项目4　前台接待填写附加信息 ······················ 61
　　项目5　打印委托书、客户签字后进厂维修 ············ 62
　三、学习评价 ·· 65

学习任务4　系统维修派工 ································ 69
　一、知识准备 ·· 70
　二、任务实施 ·· 72

目录

  项目1 车间管理项目派工 …………………………………… 72
  项目2 维修领料单 ……………………………………………… 83
  项目3 即进即出领料单 ………………………………………… 88
  项目4 退料入库单 ……………………………………………… 93
  项目5 完工总检 ………………………………………………… 98
 三、学习评价 ………………………………………………………… 101

学习任务5 系统维修结算 …………………………………………… 104
 一、知识准备 ………………………………………………………… 105
 二、任务实施 ………………………………………………………… 106
  项目1 维修预结算 ……………………………………………… 106
  项目2 维修业务收款及查询 …………………………………… 110
  项目3 出厂单 …………………………………………………… 113
 三、学习评价 ………………………………………………………… 116

学习任务6 客户综合服务 …………………………………………… 118
 一、知识准备 ………………………………………………………… 119
 二、任务实施 ………………………………………………………… 122
  项目1 维修跟踪 ………………………………………………… 123
  项目2 车辆保险及车辆保险查询 ……………………………… 125
  项目3 车辆税费及车辆税费查询 ……………………………… 131
  项目4 车辆保险到期查询 ……………………………………… 137
 三、学习评价 ………………………………………………………… 138

学习任务7 汽车配件进销存管理 …………………………………… 141
 一、知识准备 ………………………………………………………… 142
 二、任务实施 ………………………………………………………… 144
  项目1 订货询价单及查询 ……………………………………… 144
  项目2 采购单及查询 …………………………………………… 148
  项目3 采购退货单及查询 ……………………………………… 153
  项目4 报价单及查询 …………………………………………… 157
  项目5 销售出库单及查询 ……………………………………… 161

项目6 销售退货单及查询 …………………………………… 167
  项目7 库存配件查询 ……………………………………… 171
  项目8 盘点单及查询 ……………………………………… 176
  项目9 内部调拨及查询 …………………………………… 180
  项目10 货位维护 ………………………………………… 183
 三、学习评价 ………………………………………………………… 185
学习任务8 信息查询和统计 ……………………………………… 189
 一、知识准备 ………………………………………………………… 190
 二、任务实施 ………………………………………………………… 192
  项目1 销售情况统计 ……………………………………… 192
  项目2 进货及出库情况统计 …………………………………… 195
  项目3 营业报表 …………………………………………… 198
  项目4 维修情况查询及统计 …………………………………… 199
  项目5 客户贡献度/客户流失情况统计 ……………………… 206
 三、学习评价 ………………………………………………………… 208
学习评价选择题答案 ……………………………………………… 211

学习任务1 汽车维修服务企业管理软件认识

 工作情境描述

2010年1月2日下午,公司系统管理员何帅为帮助新来的员工小姜熟悉公司的业务流程和管理软件的使用,协助小姜安装了一套公司所用的单机版汽车维修服务企业管理软件,并进行示范与讲解。

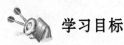 **学习目标**

1. 了解汽车维修服务企业管理软件的功能特点、运行环境;
2. 能够表述各功能按钮的功用。

 学习时间

4学时。

 学习引导

本学习任务沿着以下脉络进行学习:

 设备器材

1. 计算机一台。
2. 单机版汽车维修服务企业管理软件光盘一套。
3. 汽车维修服务企业管理软件使用手册一套。

作业准备

1. 检查计算机、打印机、网络是否正常。　　　　　　　　　□ 任务完成
2. 检查汽车维修服务企业管理软件光盘是否准备妥当。　　□ 任务完成
3. 检查汽车维修服务企业管理软件使用手册是否齐全。　　□ 任务完成
4. 检查计算机的光驱是否可以使用(如无光驱,系统中是否有相关的安装程序)。

　　　　　　　　　　　　　　　　　　　　　　　　　　□ 任务完成

 教学组织建议

学生两人一组(教师可根据实训条件自行安排分组人数),一人进行软件操作,另一人对其操作过程进行记录与分析,完成后,这两名学生交换角色练习,教师对全过程进行把控。

一、知识准备

❶ 汽车维修企业的分类

按照我国国家标准 GB/T 16739—2004《汽车维修业开业条件》,汽车维修企业可以分为:一类汽车整车维修企业、二类汽车整车维修企业、三类汽车专项维修业户,分别简称为一类企业、二类企业、三类企业。

《汽车维修业开业条件》中对每一类企业的规模、占地面积、人员、技术、管理水平等作了详细的规定。例如,其中有一条规定是:一类和二类企业必须实行计算机管理。

❷ 一、二、三类汽车维修企业的管理结构层图

由于企业规模大小不同,这三类企业管理结构必然有差异,图1-1~图1-3分别为三类、二类、一类企业管理的结构层图。

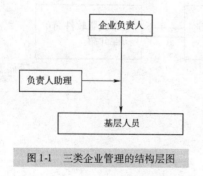

图1-1　三类企业管理的结构层图

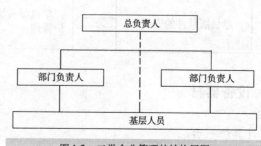

图1-2　二类企业管理的结构层图

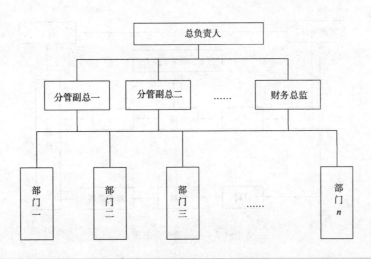

图1-3　一类企业管理的结构层图

3 一、二、三类汽车维修企业的节点管理

汽车进厂维修,其流程通常需要经过如下几个环节:预约、接待、估价、派工、领料、完工、总检、结算、收款、出厂以及回访。在以上各环节中,除了预约和回访外,其他环节都是必不可少的,如图1-4所示。

不同的汽车维修企业会根据自身规模和条件等情况,对全流程中的管理环节进行拆分、组合等调整。所以尽管整个流程大同小异,管理节点却可能差异很大。例如有的企业管理环节较多,把车间管理分解为派工、定料、审批等,分解得更细;而许多普通的二、三类汽车维修企业,会将某些部分的环节合并管理,以达到减少管理成本的目的,如有的企业把接待、估价合二为一。

几乎没有一个企业能够彻底地实现全流程管理。因为全流程的每一个环节,在理论上都是可以无限细分的,但是管理的控制点,却是有限的。例如车间管理这个环节,就可以再细分成更小的子环节,如图1-5所示。

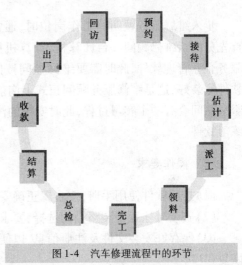

图1-4　汽车修理流程中的环节

对于这样的多环节的流程,通常在某些关键环节上或者环节之间设立管理控制点。这样的管理控制点,称为管理节点。相应地,这样的管理方法,也就称为节点管理。

本教材所依托的汽车维修服务企业管理软件就是对汽车维修服务管理这个多环节的流程模拟,学习时请合理选择某些关键环节、设立管理控制点,教材开发出8个学习任务以供学生学习。

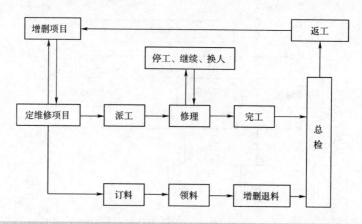

图1-5　车间管理分解图

二、任务实施

项目1　单机版软件的安装

1 项目说明

步入维修服务顾问的工作岗位时,通常要熟悉公司内部软件的使用方法。假设:公司首先分配给维修顾问一台计算机,计算机里只安装了基本的操作系统,没有公司汽车维修服务企业管理软件,此时需要维修顾问按照软件说明书,逐步地将汽车维修服务企业管理软件安装好,这是维修服务顾问正式上岗前需要解决的第一件事情。通常初次上岗的维修服务顾问会有一个实习过程,此时安排的汽车维修服务企业管理软件可能是一套单机版的练习软件。

2 操作要求

(1)按照软件使用手册,按步骤正确安装软件。
(2)安装时注意安装路径的选择,要求选择安全磁盘且其空间足够大。
(3)保存好安装文件及注册信息,以便系统损坏或安装盘丢失后,可以方便快捷地安装恢复程序。

3 操作步骤

1)第一步　打开安装程序并进行安装

将汽车维修服务企业管理软件安装光盘放入光驱中,安装程序将会自动运行,如果不能自动运行,则双击"汽修管理系统单机普及版.exe",启动安装程序。

在选择目的地位置界面,点击"浏览"按钮,弹出选择文件夹界面,点击"下一步",(中间也可用"浏览"按钮选择安装路径)即可完成安装。正常情况下,等图标生成完毕以后,点击"完成"即结束安装。安装过程中须认真阅读许可协议。

如果要改变安装路径,点击"浏览"(图1-6),然后选择路径(图1-7),最后点击"确定",完成路径选择;点击"取消",则取消路径选择。选择完毕后,界面如图1-8所示。点击"下一步",开始复制文件;点击"上一步",返回默认路径;点击"取消",取消软件安装操作。

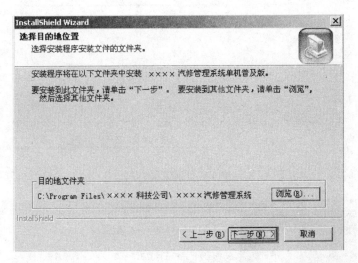

图1-6 选择目的地位置界面一

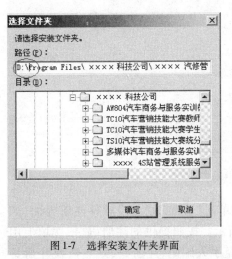

图1-7 选择安装文件夹界面

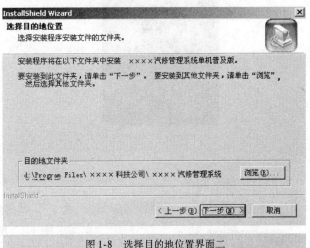

图1-8 选择目的地位置界面二

点击"下一步"后,弹出开始复制文件窗口,如图1-9所示。

点击"下一步",软件开始安装;点击"上一步",返回选择目的地位置;点击"取消",取消软件安装操作。

软件安装完成后,点击"确定"即可,如图1-10所示。

2)第二步 软件注册

启动软件时,若尚未注册,则在登录时会看见"注册"按钮,如图1-11所示。

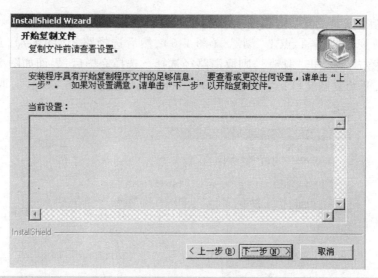

图1-9　开始复制文件

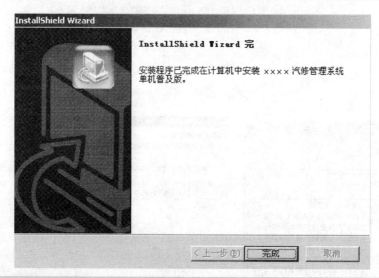

图1-10　软件安装完成窗口

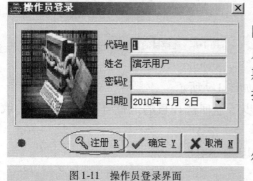

图1-11　操作员登录界面

左键单击"注册"则出现软件注册界面，如图1-12所示。按照提供的注册码，依次填上用户名称、经手人编码、注册码、站点数及注册日期，单击"注册"，提示"注册成功"，点击"确定"按钮即可完成注册。

注意：

（1）注册码中的字母不区分大小写，所有字符需要在半角状态下输入。

（2）注册类别分一次注册和二次注册，可根据注册信息进行区别，如果是二次注册，必须插上相应的加密锁，否则将注册不成功。

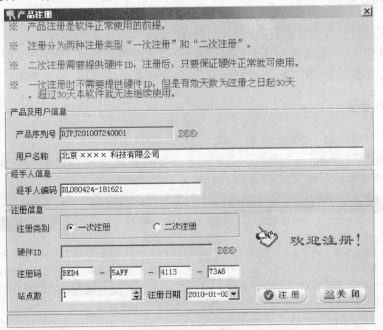

图1-12　软件注册界面

4 记录与分析（表1-1）

单机版汽车维修服务企业管理软件安装记录单　　　　　表1-1

姓名		班级		学号		组别	
操作步骤	单机版汽车维修服务企业管理软件的安装							
1.打开安装程序并进行安装	（记录内容：操作步骤、是否完成、出现的问题及结果）						
2.注册	（记录内容：操作步骤、是否完成、出现的问题及结果）						

本教材每一个项目训练完成后，均按此记录单格式填写训练记录。记录单格式参见电子课件。

项目2　单机版系统维护管理

1 项目说明

单机版汽车维修服务企业管理软件使用之前，需要对系统的一系列参数进行设置，设置的内容会直接影响软件使用中的价格、成本等信息。同时，系统运行中还会遇到很多管理参数的变动，比如提成比例、提成金额、销售配件的加价率等，这些都需要在系统维护中设置好。

2 操作要求

(1)根据公司管理的要求,按照管理需要,正确设置软件系统参数。
(2)软件使用后,系统参数不允许随意变动,因此设置参数时,要符合一般行业标准。
(3)系统参数设置完毕后,要做好详细记录,避免软件损坏后,参数丢失。

3 操作步骤

1)第一步 启动系统维护

(1)单击菜单"开始"→"程序"→"××××管理系统"→"汽修单机普及版"→"系统维护",启动系统维护程序,如图1-13所示。

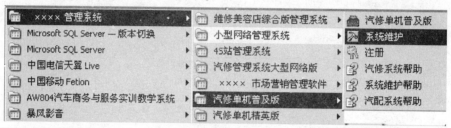

图1-13 启动系统维护界面

(2)系统显示用户登录窗体,如图1-14所示。

使用系统管理员登录,操作员代码为"system",初始密码为"888",操作步骤如下:

①输入操作员代码,按回车键。
②系统自动显示操作员姓名,按回车键。
③输入密码,按回车键。
④此时光标已经转到了"确认"按钮上,按回车键即可登录系统。

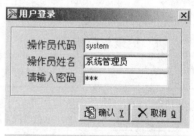

图1-14 系统维护用户登录界面

⑤如果单击"取消"按钮,则直接退出系统。

提示:光标的转移也可以使用鼠标来完成。

(3)登录系统后,出现系统维护主界面,如图1-15所示。
(4)更改系统操作员密码。操作步骤如下:
①单击菜单"系统"下的"更改密码",弹出更改用户密码窗口,如图1-16所示。
②输入用户密码,按回车键。
③输入密码确认,按回车键(密码确认必须和用户密码一样)。
④此时光标已经转到了"应用"按钮上,按回车键完成密码更改。
⑤如果单击"取消"按钮,则不更改密码直接返回。

2)第二步 配置账套

账套是进行数据管理的一个处理单位,每一个账套可以详细地记录和管理汽修一系列流程。使用软件进行管理之前,必须新建账套。您可以建立多个账套,账套之间的数据互相独立,互不影响(不过数据交换要小心使用,不能反复交换)。

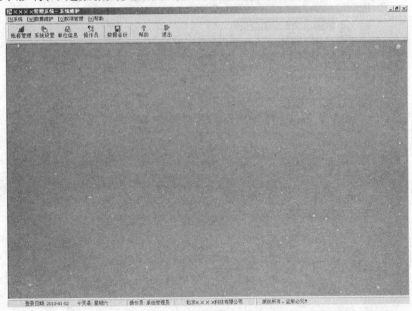

图 1-15　系统维护主界面

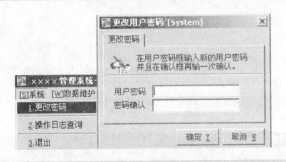

图 1-16　更改用户密码窗口
(注:两次输入的密码必须一致)

(1)点击系统维护主界面上的"账套管理",如图 1-17 所示,或点击菜单"数据维护"下的"账套管理",如图 1-18 所示,即可弹出账套管理界面,如图 1-19 所示。点击"新建",弹出"新建账套"窗口,如图 1-20 所示。

图 1-17　账套管理指示界面一

输入账套名称和数据库名(不能与已有的账套名重复)。系统会自动产生选择数据库文件存放的路径和文件名,一般不需改。输入备注信息。单击"确定"按钮,新建账套完毕。如果单击"返回"按钮,则不新建账套,直接返回。

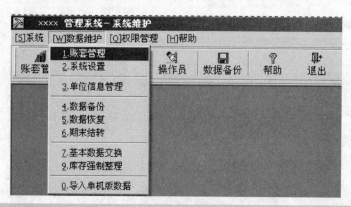

图1-18　账套管理指示界面二

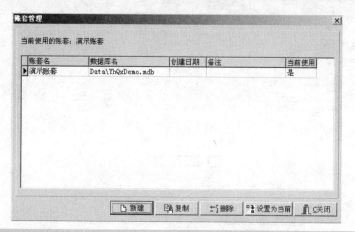

图1-19　账套管理界面

图1-20　新建账套窗口

（2）设置当前账套。当前账套是用于存储主程序的业务数据的账套。所有的业务数据都在指定的当前账套中进行，必须指定一个当前账套，主程序才能工作，如图1-21所示。

选定需要设置为当前的账套，点击"设置为当前"，弹出提示"缺点要设置：教学实训当前账套吗？"，点击"是"，设置完毕；如果点击"否"，即取消当前操作。点击"是"后，弹出提示窗口"改变当前账套后,必须重新启动程序后,才能生效!!",点击"确定"按钮,重新启动程序即可。

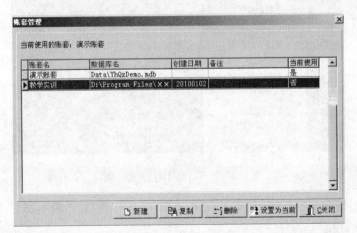

图 1-21　账套管理界面选择设置当前账套

设置完当前账套后,"当前使用"一列中,"是"的标志就会显示在新建立的账套上,如图 1-22 所示。

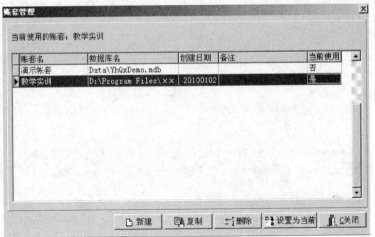

图 1-22　设置账套成功后的账套管理界面

3)第三步　系统设置

点击"系统维护"主菜单上的"系统设置",如图 1-23 所示;或点击菜单"数据维护"下的"系统设置",即可弹出系统参数设置窗口,如图 1-24 所示。

图 1-23　打开系统设置界面的方法一

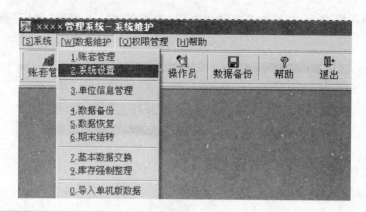

图1-24　打开系统设置界面的方法二

系统参数设置包括"成本计价方法"(图1-25)"运行参数"(图1-26)"打印备注设置"(图1-27)三方面内容。

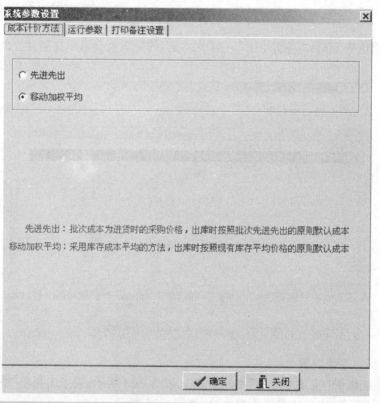

图1-25　系统参数设置——成本计价方法

本功能设置的商品出库(销售或者领料)成本核算方式,有"先进先出"和"移动加权平均"两种。系统默认是"先进先出",账套开始使用后,不能改变成本核算方式。

系统运行参数十分重要,需根据公司的情况谨慎设定,包括配件入库成本是否含税、入库时销售价格的处理方法、是否允许负库存(一般都设置为不允许)、库房定料权等信息。

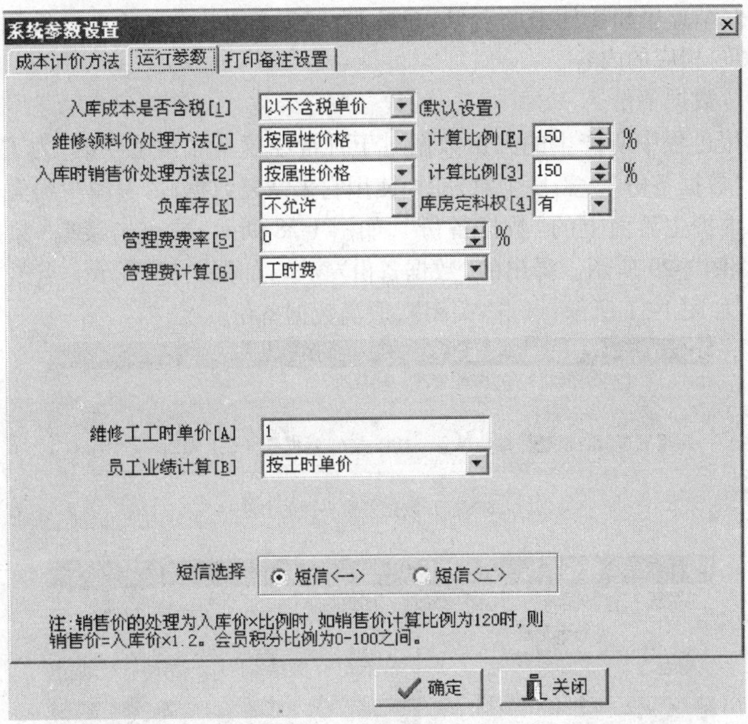

图1-26　系统参数设置-运行参数

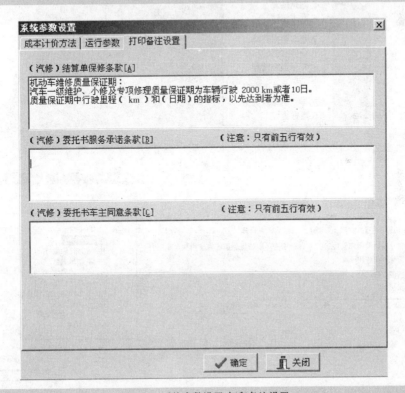

图1-27　系统参数设置-打印备注设置

在打印维修结算单和委托书的时候，系统默认国家规定的服务承诺条款，如果需要改动，可在这里填写相应的内容。

4）第四步　数据备份

系统在使用过程中所产生的大量数据对于日常经营是非常重要的，为了确保其安全，需要定时进行"数据备份"。当发生意外时，使用它来恢复数据，尽量减少损失。

点击系统维护主界面上的"数据备份"，如图 1-28 所示；或点击菜单"数据维护"下的"数据备份"，如图 1-29 所示。弹出的"数据备份"窗口，如图 1-30 所示。点击"浏览"，可以选择备份路径，如图 1-31 所示；点击"关闭"，取消数据备份。

图 1-28　打开数据备份界面的方法一

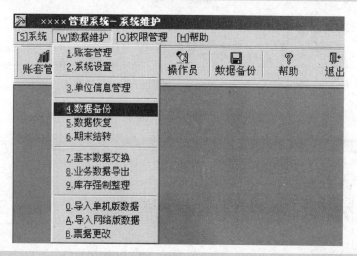

图 1-29　打开数据备份界面的方法二

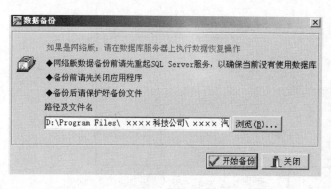

图 1-30　数据备份界面

图 1-31　选择备份路径界面

选择好路径后，点击"确定"，完成备份路径选择；点击"取消"，即取消路径选择。点击"开始备份"（图1-32），即可开始进行数据备份；如点击"关闭"，则取消数据备份操作。数据备份完毕后，弹出提示框"备份成功！"，点击"确定"按钮，弹出"备份完毕"即完成数据库备份。

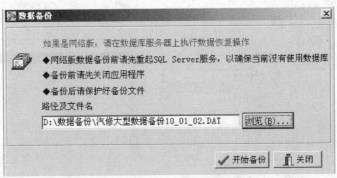

图1-32　数据备份界面

5）第五步　操作员管理

需要创建一些用户，并指定其操作权限，方便员工使用软件。在主程序中，必须使用这些用户之一来登录。

在系统维护主界面中，点击导航界面上的"操作员"，如图1-33所示；或单击菜单"权限管理"下的"操作员管理"。系统弹出用户管理主界面，如图1-34所示。

图1-33　打开增加操作员窗口方法一

（1）增加用户：在用户管理主界面中，单击"增加用户"按钮，系统弹出增加用户窗口，如图1-35所示。

①输入用户代码（用户代码可以是由字母、数字、汉字组成），按回车键。

②输入用户名称（用户名称通常是员工的姓名或职务名称，如：经理、采购员、销售员、库管员等），按回车键。

③输入用户密码和密码确认（两者必须一样），按回车键。

④此时光标已经移到了"应用"按钮上，按回车键完成增加用户操作，单击"取消"放弃用户的增加。

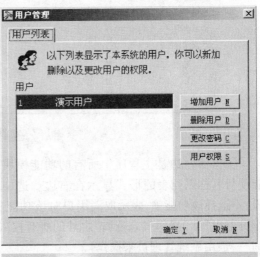

图1-34　用户管理主界面

(2)分配用户操作权限:为用户指定相应的权限,使每个用户只能在权限范围内进行操作。在用户管理主界面中选择将被授权的用户,如图 1-36 所示。

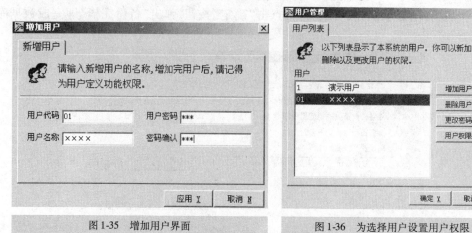

图 1-35　增加用户界面　　　　　图 1-36　为选择用户设置用户权限

然后单击"用户权限"按钮,系统弹出定义用户权限界面,如图 1-37 所示。

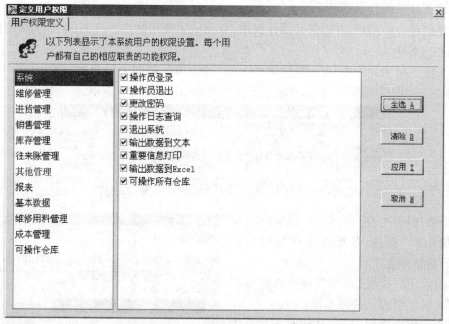

图 1-37　定义用户权限界面

①窗体左边是主程序中所有的功能模块名称列表,单击任何一个模块名,它包含的功能项目名称以列表的形式显示在右边。选中该功能项,表示赋予用户该功能项的操作权限;不选择该功能项,表示取消用户对该功能的使用权。通常赋予经理除"操作员登录、操作员退出"和"操作日志查询"之外的所有权限("操作员登录、操作员退出"和"操作日志查询"一般由系统管理员来操作)。

②单击"全选"表示当前功能列表中所有项目权限赋予用户;单击"清除"表示取消该用户当前功能列表中所有项目的操作权限。

③单击"应用"按钮,弹出"确定要更改此用户的功能权限吗?",点击"是",确定修改,完成用户权限定义;点击"否",放弃修改。

④如果还要增加其他用户并赋予权限,操作与之类似。

6)第六步　退出系统维护程序

退出系统的操作步骤如下:在系统维护主界面中,单击菜单"系统"下的"退出",或单击工具栏中的"退出"按钮,或选择 Windows 中的其他退出方法。

在使用系统之前,还有一项很重要的工作——录入基本数据,为以后的高效工作做好准备。基本数据包括:基础信息(仓库信息、计量单位、折扣方式、入库类别、出库类别、退货原因、运输方式、包装方式、结算方式、发票类型、供应商类别、客户类别、车型等)、配件信息、员工信息、供应商信息、客户信息等。

项目3　单机版软件简单功能介绍

1　项目说明

单机版汽车维修服务企业管理软件包括维修管理和配件进销存两大模块,适用于小型门市店或三类汽车维修企业,通常由一人操作。其中维修管理本着界面简单、操作便捷、功能完整的原则,将整个复杂的维修流程集中于一个界面,实现快速接车的目的。

2　操作要求

(1)根据客户提供的证件信息,如实、准确地建立客户档案,并录入到维修管理系统中。

(2)客户信息的填写要符合实际标准,如车牌号、VIN 码、车型、客户身份证/驾驶证号等。

(3)保证客户及车辆资料的完整性。

(4)维修单据中必须要填写的内容是:车辆及客户信息、行驶里程、业务员、维修顾问。

(5)填写维修项目时,注意标准工时、工时费、考核工时和提成率要求是数值形式。

(6)填写维修用料时,注意数量、单价、金额要求是数值形式。

(7)仓库名称必须要填写。仓库名称要求是该用料的领料仓库。

(8)如果需要结算,那么维修项目中的维修人,以及维修用料中的领料人都是需要填写的。

3　操作步骤

1)第一步　启动服务器程序

打开软件安装路径,双击"Main_Start.exe 服务启动程序",启动服务器程序,弹出图 1-38 所示窗口后,点击"立即启动",最小化即可。

注意:

(1)服务启动程序的窗口不能关闭,否则软件将不能使用。

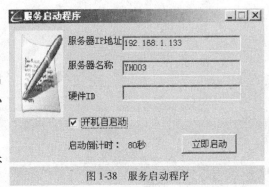

图 1-38　服务启动程序

(2)建议把"开机自启动"选上,下次开机将自动运行本软件。

2)第二步 运行软件

单击菜单"开始"→"程序"→"汽修管理系统"→"汽修单机普及版"→"汽修单机普及版",如图1-39所示,或点击桌面上"汽修单机普及版"图标。

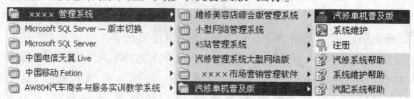

图1-39 打开单机版汽修服务软件菜单路径

图1-40 操作员登录界面

弹出"操作员登录"界面,如图1-40所示。

输入操作员代码和密码,点击"确定"即可登录系统;点击"取消",将取消登录并关闭操作员登录窗口。

如果代码填写错误(没有该操作员代码),软件就会提示"没有这个操作员代码!",重新输入正确操作员即可。

软件登录成功后,即可弹出业务导航界面,如图1-41所示。

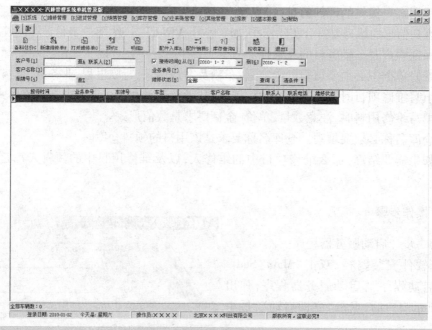

图1-41 业务导航界面

3)第三步 新建客户及车辆操作

(1)增加客户信息:

点击"基本数据"下的"客户信息",如图1-42所示。

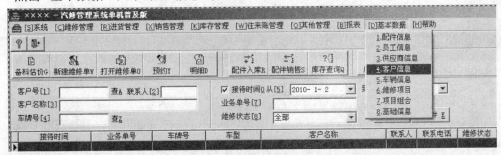

图1-42　打开客户信息路径

在"客户档案查询"界面,点击"新建"按钮,如图1-43所示。

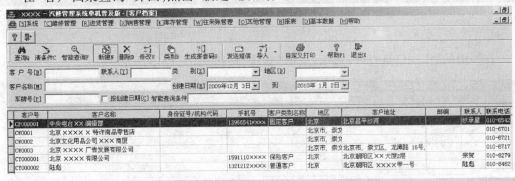

图1-43　客户档案查询界面

弹出"客户档案"后,录入完整的客户信息,点击"确定"即可,如图1-44所示。

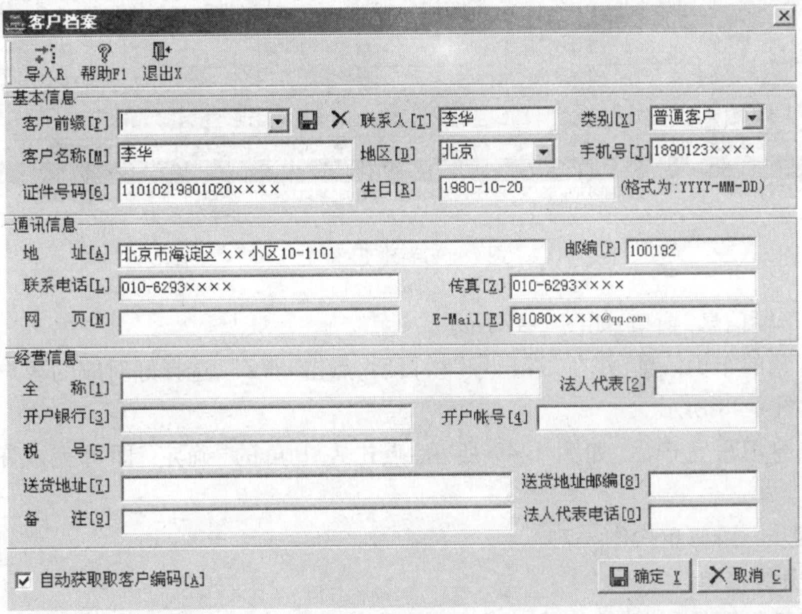

图1-44　客户档案界面

(2)增加车辆信息：

点击"基本数据"下的"车辆信息"，如图1-45所示。

图1-45 打开车辆信息界面路径

在弹出的"车辆信息查询"界面，点击"新建"按钮，如图1-46所示。

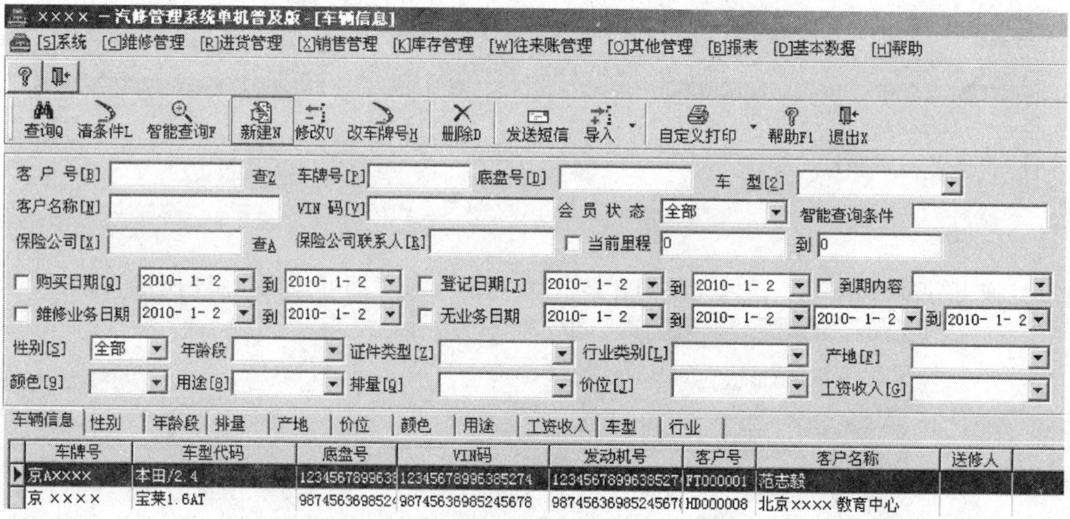

图1-46 新建车辆信息

弹出"车辆信息"窗口，如图1-47所示。

录入完整的车辆信息，并在"客户号"栏目后，点击"查Z"，选择好对应的客户信息，点击"确定"，如图1-48所示。

车辆信息填写完毕后，如图1-49所示，点击左上角的"确定"即可完成车辆信息的增加。

4）第四步 维修单操作

(1)打开维修单：

点击导航界面的"新建维修单"按钮，或点击菜单栏"维修管理"下的"维修单"，即可弹出一张空白维修单，如图1-50所示。

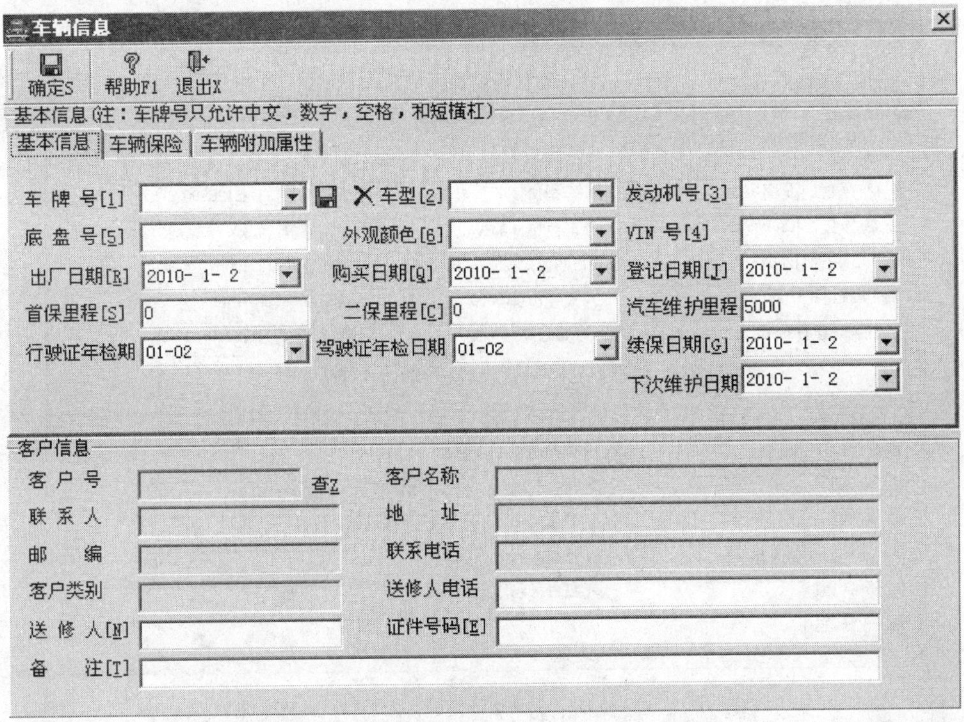

图1-47 空白车辆信息界面

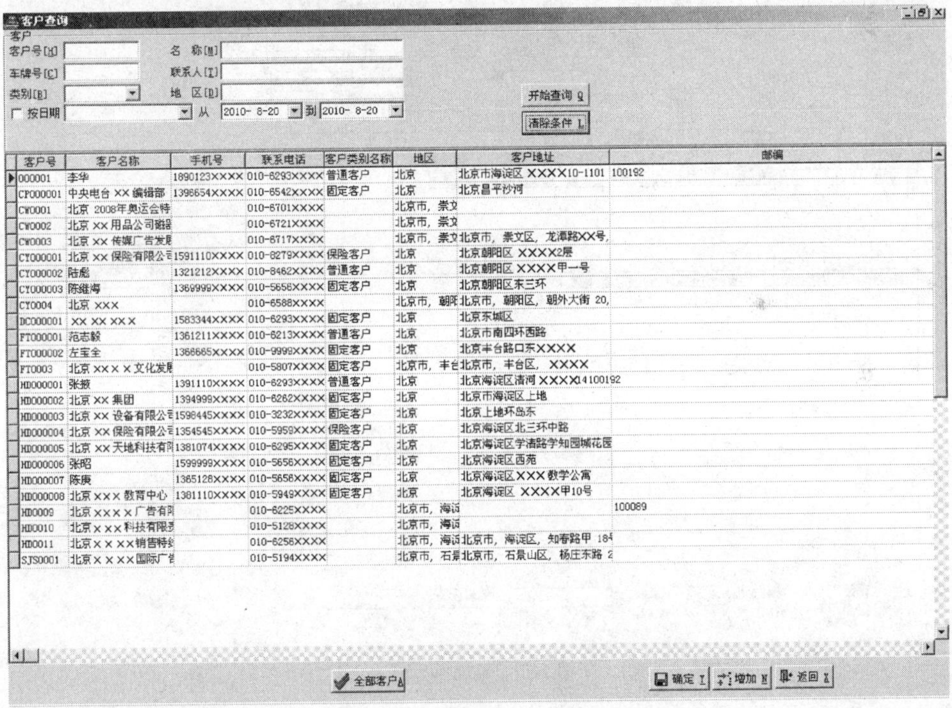

图1-48 客户查询界面

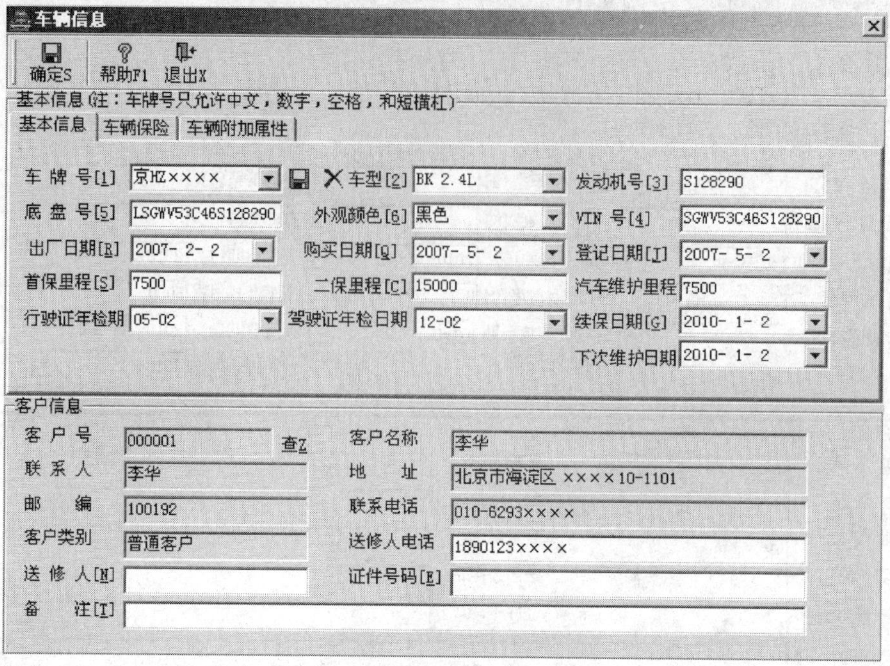

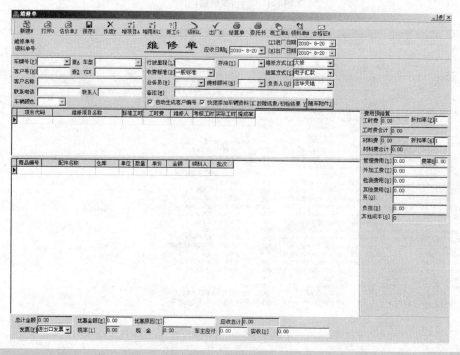

图1-49 车辆信息界面

图1-50 维修单界面

(2)添加车辆信息:

点击 车牌号[P] ▼ 查A (查A),即可弹出"车辆信息查询",如图1-51所示。

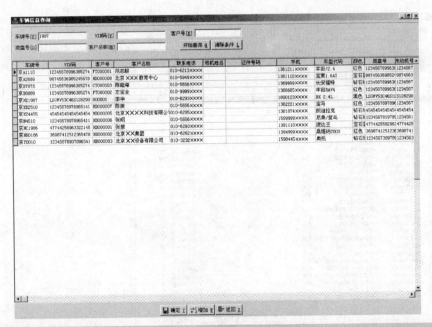

图1-51 车辆信息查询界面

如果车辆信息过多,可以输入检索条件,进行筛选,例如车牌号输入1987为例,即可查到车牌号有1987的信息,双击查询记录,即可选择,如图1-52所示。

图1-52 筛选条件查询后的车辆信息查询界面

选择后,维修单显示该车信息,如图1-53所示。

(3)增加维修项目:

点击菜单栏"增项目"或在维修项目点击右键,弹出快捷菜单,如图1-54所示,点击"增项目"或双击空白处,即可弹出"维修项目查询"窗口。

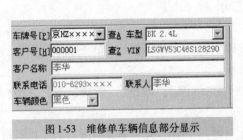

图1-53 维修单车辆信息部分显示　　图1-54 维修项目表格右键快捷菜单

在该窗口,直接双击添加维修项目"更换机油三滤"(图1-55所示),即可添加到维修单中,如图1-56所示。

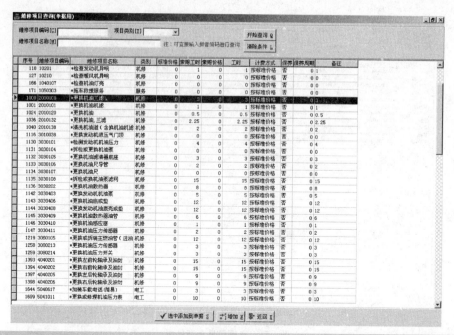

图1-55 维修项目查询(单据用)界面

图1-56 维修单中添加的维修项目

(4)增加维修用料:

点击菜单栏"增用料"或在维修用料点击右键,点击"增用料"或双击空白处,即可弹出"配件查询"窗口。在该窗口,直接双击添加维修用料"机油""机滤""空滤""汽滤"等即可添加到维修单,如图1-57所示。

维修单中,维修用料已经添加至单据,如图1-58所示。

填写一些必要信息,如"行驶里程""维修顾问""发票"等信息,即可进厂维修,如图1-59所示。点击菜单栏"保存",弹出"确定保存转入维修吗?",如果点击"是",则转入维修;点击"否"则不进行维修操作。

转入维修后,会提示"要打印委托书吗?",如果点击"是",则打印;点击"否",则放弃打印委托书。委托书打印预览界面如图1-60所示。

(5)派工:

选上"更换机油三滤"维修项目,点击菜单"派工",即可弹出"员工查询"界面,选上维修员"管理",点击"确定"即可,如图1-61所示。

派工完毕后,维修单上面"更换机油三滤"的"维修人"即显示"管理",如图1-62所示。

(6)领料:

选上"机油"维修用料,点击菜单"领料",即可弹出"员工查询"窗口,选上领料员"潘龙",确定即可。按照此方法把"机滤""空滤"由陈诚领取,"汽滤"由李靖领取即可,如图1-63所示。

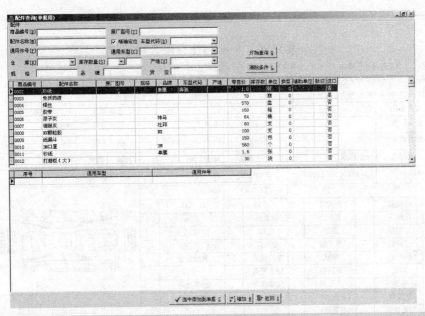

图1-57　配件查询(单据用)

商品编号	配件名称	仓库	单位	数量	单价	金额	领料人	批次
08880-803	机油	宝马	桶	1	80.00	80.00		0
0139	机滤	宝马	个	1	180.00	180.00		0
VW02511	空滤	宝马	个	1	160.00	160.00		0
VW04041	汽滤	宝马	个	1	120.00	120.00		0

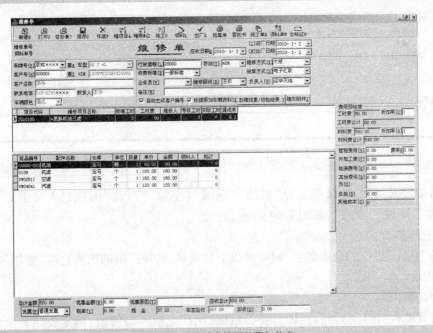

图1-58　维修单中添加的维修用料

图1-59　维修单中填写的附加信息

北京××××科技有限公司

地点：北京市海淀区清河×××× 25号中关村××××A座 邮编：100192

电话：010-6293×××× 6293×××× 629×××× 传真：010-8271××××

网址：www.××××.com 邮箱：××××@163.com

客户名称	李华			业务单号	WX20100102-0001
业务员		联系人	李华	车牌号码	京HZ××××
维修顾问	王权	联系电话	010-6293××××	车型	BK 2.4L
收费标准	一般标准	行驶里程	28000 km	颜色 黑色	维修方式 大修
VIN号	LSGWV53C46S12829(	发动机号	S128290	预计完工日期	

随车附件 有√ 无× 损○ 存油 40%

前照灯		转向灯		制动灯		示宽灯	
牌照灯		车内灯		收录机		天线	
点烟器		烟缸		电扇		摇把	
空调器		反光镜		室内灯		门窗玻璃	
刮水器		喇叭		车门拉手		靠垫座垫	
脚垫		遮阳板		轴头亮盖		千斤顶	
备胎		手工具		前车牌号		后车牌号	
运营牌		徽标		前商标		左后商标	
中后商标		右后商标					

存油 E F

序号	维修项目	维修人	施工内容	工时	工时费	备注
	*更换机油三滤	管理		3	80	

序号	配件名称	单位	数量	单价	金额	备注
21	机油	桶	1	80.00	80.00	
22	机滤	个	1	180.00	180.00	
23	空滤	个	1	160.00	160.00	
24	汽滤	个	1	120.00	120.00	

工时费（估）：80 配件费（估）：540 620

备注：

※根据汽车维修行业管理部门规定：
一级维护、小修或专项修理质量保证期：10天或2000km
二级维护：30天或5000km
整车修理或总成修理：100天或20000km

※零件损坏是否更换 □是 □否
本人对本单以上内容已经确认，
并愿按上述要求进行维修和支付有关费用。

经办人： 用户签字： 页号：1

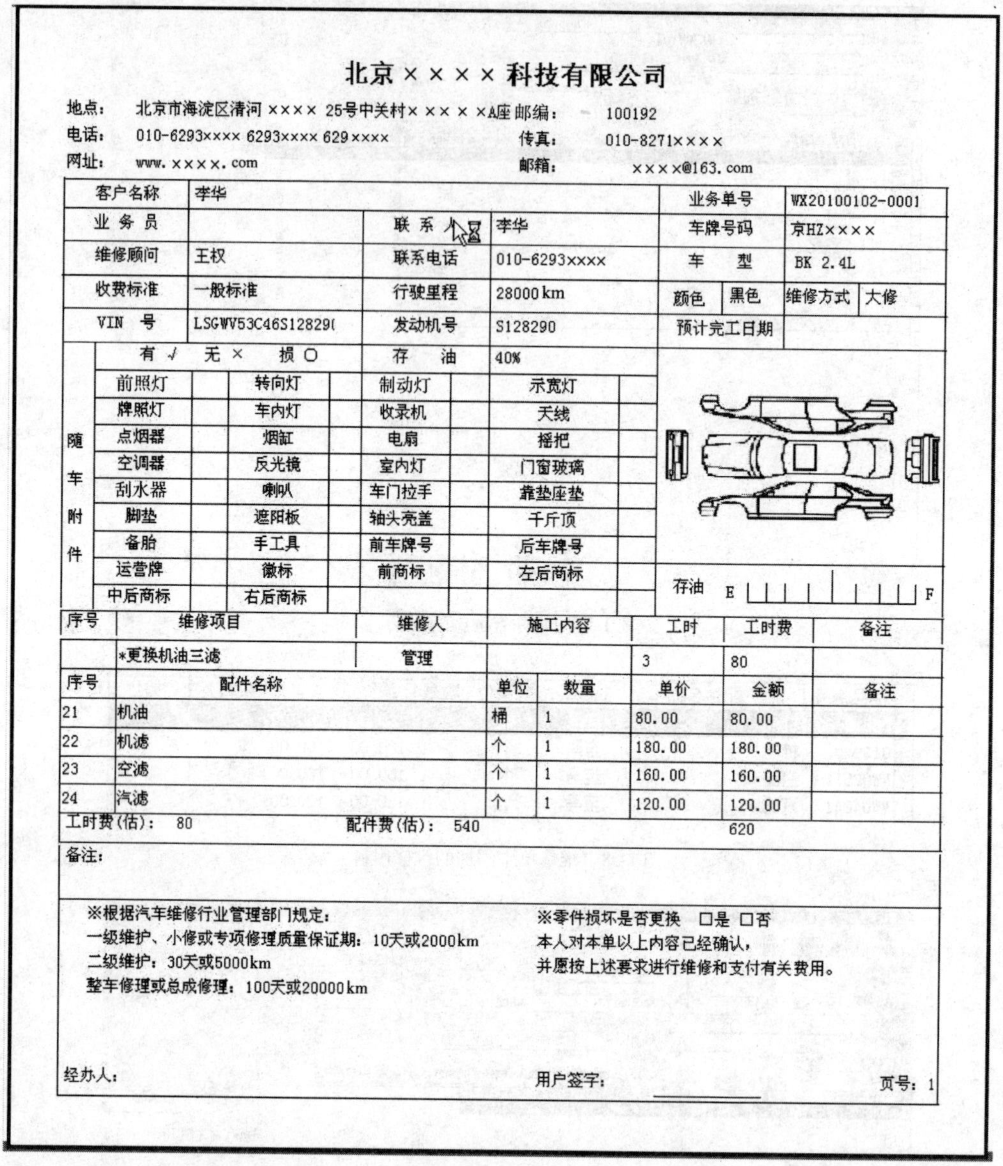

图1-60 打印委托书界面

领料指定人员后，维修单上面“机油”“机滤”“空滤”“汽滤”的领料人分别显示为“潘龙”“陈诚”“陈诚”“李靖”，如图1-64所示。

(7)仓库修改：

单击“仓库”栏位的仓库名字，即可弹出下拉菜单，选择正确的出库仓库“通用”即可，如图1-65所示。

(8)结算出厂：

点击菜单栏“出厂”按钮后，即可弹提示框“出厂之后不能修改，确定要结算出厂吗？”，点击“是”，完成结算出厂；点击“否”则取消当前操作。

学习任务1 汽车维修服务企业管理软件认识

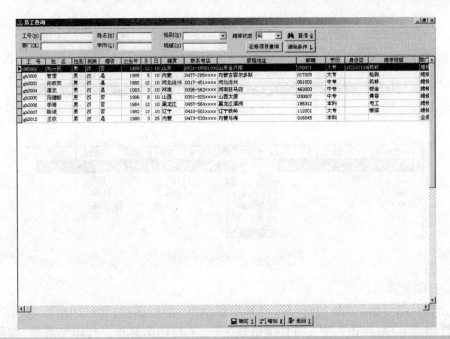

图 1-61 员工查询界面

项目代码	维修项目名称	标准工时	工时费	维修人	考核工时	实际工时	提成率
2010100	*更换机油三滤	3	80	管理		3	0

图 1-62 派工后的维修项目显示

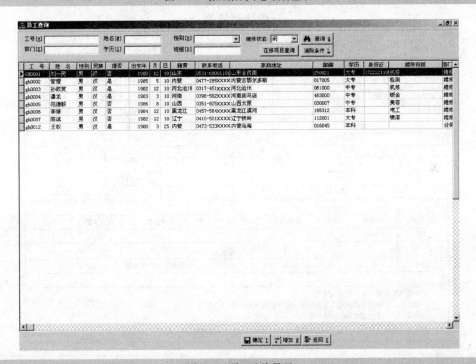

图 1-63 员工查询界面

商品编号	配件名称	仓库	单位	数量	单价	金额	领料人	批次
08880-803	机油	宝马	桶	1	80.00	80.00	潘龙	0
0139	机滤	宝马	个	1	180.00	180.00	陈诚	0
VW02511	空滤	宝马	个	1	160.00	160.00	陈诚	0
VW04041	汽滤	宝马	个	1	120.00	120.00	李靖	0

图1-64　领料后的维修用料列表

商品编号	配件名称	仓库	单位	数量	单价	金额	领料人	批次
08880-803	机油	通用	桶	1	80.00	80.00	潘龙	0
0139	机滤	丰田/福特/国产车库/克莱斯勒/起亚/日产/通用		1	180.00	180.00	陈诚	0
VW02511	空滤			1	160.00	160.00	陈诚	0
VW04041	汽滤			1	120.00	120.00	李靖	0

图1-65　选择维修用料的领料仓库

(9)打印结算单：

　　点击确认结算出厂"是"按钮后，可弹出提示框"出厂成功,要打印结算单吗？"，点击"是"，打印结算单；点击"否"，则直接结算出厂，不打印结算单。打印结算单，如图1-66所示。

北京×××× 科技有限公司

地点：北京市海淀区清河××××25号中关村×××××××× A座　　邮编：100192
电话：010-6293×××× 6293×××× 629××××　　　　　　　　传真：010-8271××××
网址：www.××××.com　　　　　　　　　　　　　　　　　邮箱：××××@163.com

维修结算单

进厂日期：2010-01-02 14:38:
结算日期：2010-08-20

业务单号：	WX20100102-0001						
客户名称	李华			联系电话	010-6293××××		
托修车型	BK 2.4L			车牌号	京HZ××××	VIN码	LSGWV53C46S128290
维修方式	大修			完工日期	2010-08-20 18:01:4(	结算方式	电子汇款
序号	维修项目		工时	工时费	维修人		状态
	*更换机油三滤		3	80	管理		已修好
序号	维修用料	单位	数量	单价	金额		领料人
21	机油	桶	1	80.00	80.00		潘龙
22	机滤	个	1	180.00	180.00		陈诚
23	空滤	个	1	160.00	160.00		陈诚
24	汽滤	个	1	120.00	120.00		李靖
			结算				
工时费	材料费	外加工费	检测费	管理费	其他费	总计金额	优惠金额	税金
80	540	0	0	0	0	620		37.2
另			负担	0		结算人	××××
应付金额	657.2		大写		陆佰伍拾柒元贰角整		

※根据汽车维修行业管理部门规定：
一级维护、小修或专项修理质量保证期：10天或2000km
二级维护：30天或5000km
整车修理或总成修理：100天或20000km

客户签字：

图1-66　维修结算单预览

三、学 习 评 价

1 理论考核

1)选择题

(1)分析下列情况,需要将单机版汽修服务企业管理软件安装到哪个盘符下?( )
  A.系统盘为C盘,剩余空间15G   B.D盘剩余空间30G
  C.E盘剩余空间1G   D.以上都不适合

(2)单机版维修单中哪项不是必填项?( )
  A.存油   B.业务员   C.车牌号   D.行驶里程

(3)下列功能中哪种不能在维修单中完成?( )
  A.添加维修用料   B.删除维修用料   C.设置领料人   D.新增维修用料

(4)下列哪项不是系统维护中的成本计价方式?( )
  A.先进先出   B.先进后出   C.移动加权平均   D.以上各项

(5)下列哪些不是系统参数中"入库时销售价处理方法"的内容?( )
  A.按属性价格   B.手工输入   C.按批发价格   D.入库单价*比例

2)思考题

  成本计价方式包含哪两种,这两种的含义是什么?为什么账套启用后,成本计价方式不能修改了?

2 技能考核

1)项目1

请练习单机版汽车维修服务企业管理软件的安装与系统参数的设置。

(1)成本及系统参数设置如表1-2所示。

成本及系统参数设置表   表1-2

参 数	值
成本计价方式	移动加权平均
入库成本是否含税	不含税
维修领料价处理方法	入库单价×比例;计算比例:130%
入库时销售价处理方法	入库单价×比例;计算比例:150%
负库存	不允许
库房定料权	有
管理费费率	0
管理费计算	工时费
维修工工时单价	1
员工业绩计算	按工时单价

(2)根据自己的学号和姓名,新增一个操作员,然后根据教师要求分配岗位权限。

2)项目2

在项目1的基础上,运用单机版维修单,完成接车工作。项目2接车单见表1-3。

项目2 接 车 单　　　　　　　　　　　　　　　　　　　表1-3

车辆信息	车牌号:京GW5××× 车型:圣达菲2.7 颜色:黑色 VIN 码:LRH14C1B870001234					
客户信息	客户名称:北京××科技发展有限公司 电话:138156××× 联系人:李伟					
维修项目	编码	名称		工时	工时费	维修人
	000001	维护,换机油、机油滤清器、空气滤清器		1	45	李靖
	000006	全车检查		4	168	陈诚
维修配件	编码	名称	数量	单价	领料人	仓库
	0163	机油3.5/2.7	4.7	30.70	刘一民	丰田
	0241	空气滤芯2.7/2.0	1	56.00	刘一民	丰田
	0006	机油滤清器3.5/2.7(进口)	1	26.50	刘一民	丰田
附加信息	行驶里程:28160km		存油:30%			
	业务类别:长期定点		收费标准:普通轿车			
	备注:(无)		维修车间:一车间			
	维修方式:一般维修		故障现象:(无)			
	初检结果:(无)					
结算信息	管理费用:0.00		费率:0.00			
	外加工费:0.00		检测费:0.00			
	其他费用:0.00					
	另:(空)		负担:0.00			
	发票方式:普通发票					
	优惠金额:0.00		优惠原因:(无)			
	实收金额:0.00					
随车附件	默认					
人员信息	维修顾问:王权 业务员:范德毅 负责人:王权					

维修单操作项目评分表如表1-4所示。

学习任务1　汽车维修服务企业管理软件认识

维修单操作项目评分表　　　　　　　　　　　　　　　　　表1-4

基本信息	姓名		学号		班级		组别	
	规定时间		完成时间		考核日期		总评成绩	

	序号	考核项目	标准分（总分100分）	考核标准	评分
任务工单	1	考核准备： 工具： 设备：	5		
	2	成本计价方式的设置	3	未正确添加扣3分	
	3	系统参数设置	10	每填错一项扣1分，未填写扣2分	
	4	选择车辆及客户信息	7	选错车辆扣3分，选错客户扣4分	
	5	增加维修项目	20	每填错或少填一个项目扣3分，工时费未填或填写不正确扣1分，未填维修人或填写不正确扣1分	
	6	增加维修用料	20	每填错或少填一个用料扣4分，数量未填或填写不正确扣1分，单价未填或填写不正确扣1分；领料人未填或填写不正确扣1分，仓库未填或填写不正确扣1分	
	7	附加信息的填写	5	每填写错误一项扣1分，未按要求填写扣2分	
	8	随车附件的填写	5	每填写错误一项扣1分，未按要求填写扣2分	
	9	结算信息	7	每填写错误一项扣1分，未按要求填写扣2分	
	10	人员信息	3	每填写错误一项扣1分，未按要求填写扣2分	
5S			5		
团队协作			5		
沟通表达			5		

学习任务2　系统维修预约

 工作情境描述

2010年7月28日下午,维修顾问杨毅接到客户陈继海的电话。陈继海称车辆快到维护日期了,且目前车辆行驶时有异响,准备来店对车辆进行一次维护。杨毅根据陈继海的电话描述,为其车辆确定了预约维护项目和检查车辆异响的项目,同时双方约定了来店时间。通话结束后,杨毅将陈继海的预约项目和预约时间记录到汽车维修服务管理企业管理软件系统中(以下简称"系统")。

 学习目标

1. 能运用汽车维修企业服务管理软件完成预约,提前安排客户的维修服务活动;
2. 能够进行缺料查询。

 学习时间

4学时。

 学习引导

本学习任务沿着以下脉络进行学习:

 设备器材

1. 计算机一台。
2. 电话一部。

3.预约服务单一张(如无纸质预约单,可直接录入计算机)。

作业准备

1.检查计算机、打印机、网络是否正常。　　　　　　　□ 任务完成
2.检查汽车维修服务企业管理软件是否能正常运行。　　□ 任务完成
3.了解维修车辆的相关信息及车辆故障信息。　　　　　□ 任务完成
4.与相关方面(如客户、维修工、车间主任)沟通协调。　□ 任务完成

教学组织建议

学生两人一组(教师可根据实训条件自行安排分组人数),一人进行软件操作,另一人对其操作过程进行记录与分析,完成后,这两名学生交换角色练习,教师对全过程进行把控。

一、知 识 准 备

1 汽车维修服务预约工作的必要性

假设一个维修服务企业在所有工位和人员都正常的情况下,每天最多可以维修的车辆是30辆,是否进行预约工作会带来不同的结果,分析如下(下面的数据可根据维修企业规模不同进行相应调整,此数据非硬性标准):

1)不进行预约的后果

到厂车辆的时间分布是不可预料的,客户会选择自己方便的时间到店,一周之中的大部分客户会选择在周末到店,那么周末两天的维修量会超过30辆,而周一到周五到店车辆可能会很少。而在周末,一部分客户可能会选择上午休息而在下午到店,造成周末下午到店维修车辆远远超过上午到店的车辆。其结果就是:

(1)空闲时,工位利用率低,员工等着工作,无所事事;忙碌时,超过工作负荷,客户需要排队等待,服务质量下降,客户投诉率提高;员工不得不加班,工作效率降低。

(2)工作难易程度与工作人员水平不对等,比如技术好的人去做简单工作,而技术不熟练的工人临时被抽调去排除超过自己能力的故障。

(3)由于第(2)条造成故障不能解决时,还需要重新安排人员解决。

(4)原本可以仔细完成的工作,最后被草草应付。

(5)材料、工具、人员不能及时到位。

这些因素最终都造成维修效率低下,服务内容被简化。当服务的关键点被简化之后,服务的品质就无法得到保障。

2)提前进行预约的理想效果

客户进厂流量均衡,周一到周日,每天都是上午、下午各15辆车,结果是:

(1)每天的进厂接待辆次均衡,实现服务能力最优化。
(2)车间维修人员的修车辆次均衡,实现生产率最大化。
(3)每个工位的周转率均衡,实现工位利用率最大化。

这样就能够保持较高的客户满意度、认可度;由于减少了加班,同时用较少的人员实现了较高的效率,降低了企业运作成本,保持了公司效益,员工收入得到保障,人员流动降低,保证了企业的稳定发展。由此可见,预约工作作为售后服务的基础,应当引起足够的重视。

2 汽车维修服务预约工作的注意事项

服务要讲理念与看问题的深度,要做好预约工作,就要深刻理解它的内涵,并在实践过程中不断细化。做好预约工作,应注意以下事项:

(1)营造"服务中心"的专业氛围:除了常规的培训之外,"服务中心"四周的墙面要进行相关布置,如墙面上张贴工时价格表、预约计划表、维护计划表等常用信息,确保回答客户问题时准确无误;此外,"服务中心"与售后所有工作部门形成"信息"无缝对接,成为连接客户和售后各部门的关键环节。

(2)以活动为载体,与客户增强互动,通过短信引导客户预约,并意识到预约的重要性。

(3)丰富主动回访的内容,包括以下内容:
①定期维护预约;
②新车首次维护预约;
③保修到期预约;
④年检到期预约与代办业务介绍;
⑤续保到期预约等。

(4)将岗位工作按照难易程度进行分类:设置维护专用工位,确保作业时间在45min内可以完成,维护工位数量必须得到保证。岗位分工设计要明确,不同技能的人做不同的事。

(5)对非预约的维护车客户友善处理:
①在业务没有超负荷时,对非预约的客户说"请您耐心等待……"。
②在业务超负荷时,对非预约维护客户说"非常抱歉……"。
③充分保障预约客户所享受到的权益,让非预约客户意识到"预约"才是获得"便捷服务"的前置条件。

(6)对于故障车、事故车,及时安排接待和维修,如作业时间在2h以上,约定交车时间,提请客人离厂等候。

(7)实施预约积分折扣制度,让客户的付出与回报成正比。

二、任 务 实 施

项目1 预约登记

1 项目说明

维修预约主要是为到店维修客户进行更好的服务,节省客户等待时间。通常在业务比较繁忙的维修厂或者4S店,每位维修人员安排的修车数量有限,无法同时修理多台车辆,因此很多客户来店后就需要长时间等待。为了避免这一情况,很多维修厂和4S店为客户提供预约服务,客户可以提前与店内维修顾问或者客户服务人员进行协商,约定维修时间,客户按约定时间到店维修时,无需等待即可安排车辆进厂维修。有的4S店还会根据客户的预约维修内容,提前将维修所需要的维修用料准备妥当,避免因维修需更换配件不齐全而造成维修时间延长。如果客户的车辆有固定的维修人员,4S店还可以根据客户要求,安排专门的维修人员进行维修。

2 操作要求

(1)根据客户提供的车辆信息,准确地记录预约客户。
(2)能够尽量详细地分析客户的车辆情况,根据与客户商定的内容登记预约项目。
(3)正确记录与客户约定的预约时间,如果客户有特殊说明,应详细记录在事项内容中。
(4)预约登记记录完毕后,根据预约内容以及客户要求,提前安排维修工的工作。

3 操作步骤

1)第一步　选择预约客户

点击菜单栏"维修管理"下的"预约管理",在预约管理界面上(图2-1),点击"登记",就会弹出预约登记的主界面,如图2-2所示,并且把"启动时自动加载"前的选框选上,以便日后启动软件时,此窗口会自动加载上。

图2-1　预约管理界面

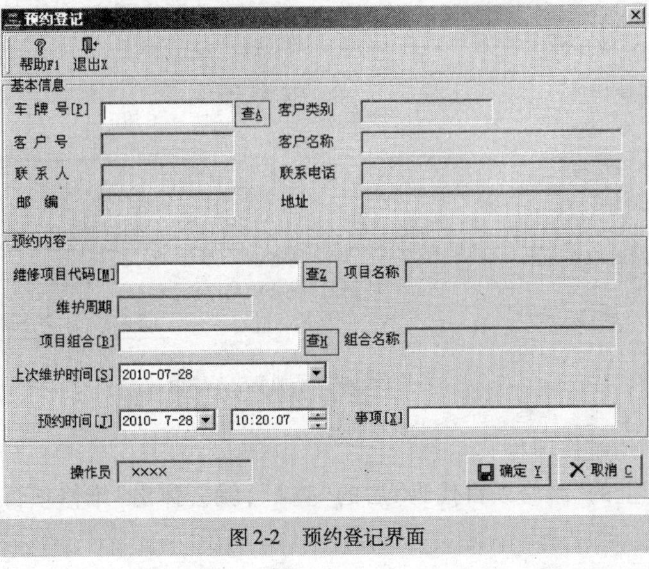

图2-2　预约登记界面

在预约登记界面上,点击"查A",弹出"车辆信息查询"窗口,如图2-3所示。

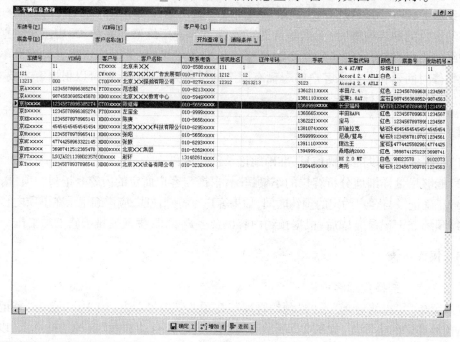

图2-3 车辆信息查询窗口

选择好所需信息后,点击"确定",即可把预约的车辆添加完毕,如图2-4所示。

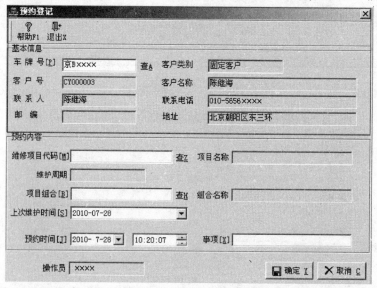

图2-4 预约登记——添加完毕车辆信息

2)第二步 预约维修项目

点击预约登记上的"维修项目代码"后的"查Z",就会弹出"维修项目查询"窗口,如图2-5所示。

图2-5 维修项目查询窗口

选择好预约项目后,点击"确定",即可把预约的维修项目添加完毕,如图2-6所示。

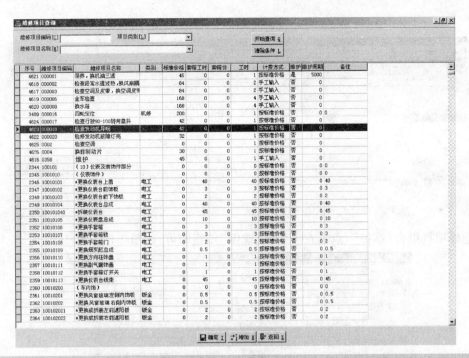

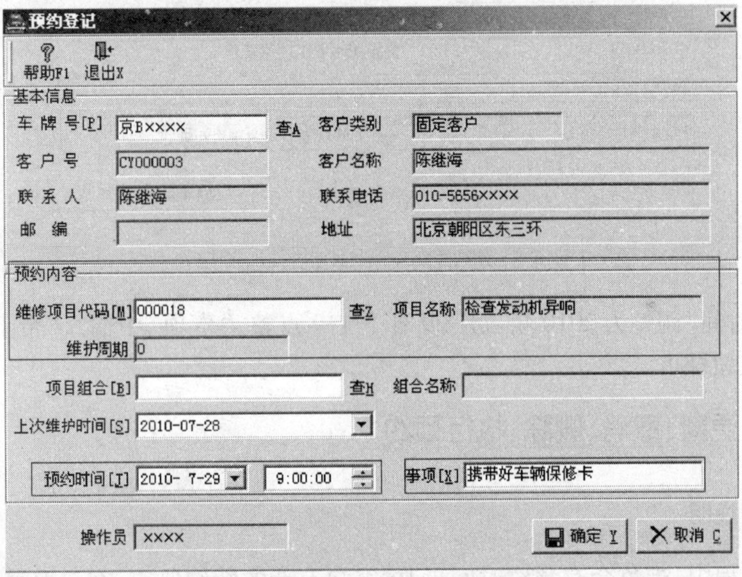

图2-6 预约登记——添加预约内容后

把"预约时间"调整为2010年7月29日上午9点整,"事项"填上携带好车辆保修卡,点击"确定"按钮即可。

3)第三步 预约项目组合

点击预约登记上的"项目组合"后的"查H",就会弹出"项目组合定义"窗口,如图2-7

所示。

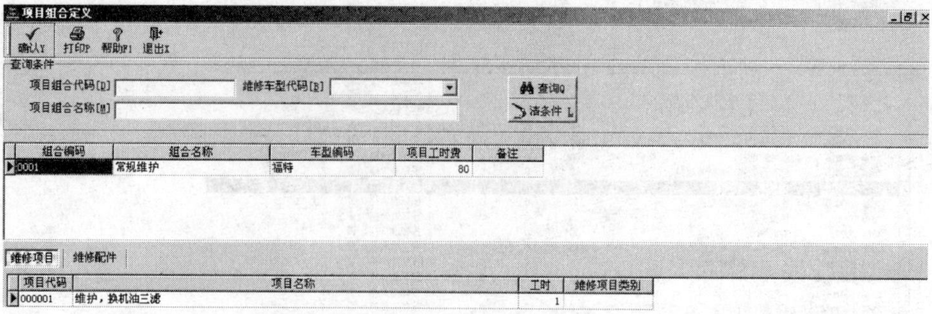

图2-7 项目组合定义窗口

选择项目组合"维护",点击左上角的"确定"按钮即可,如图2-8所示。

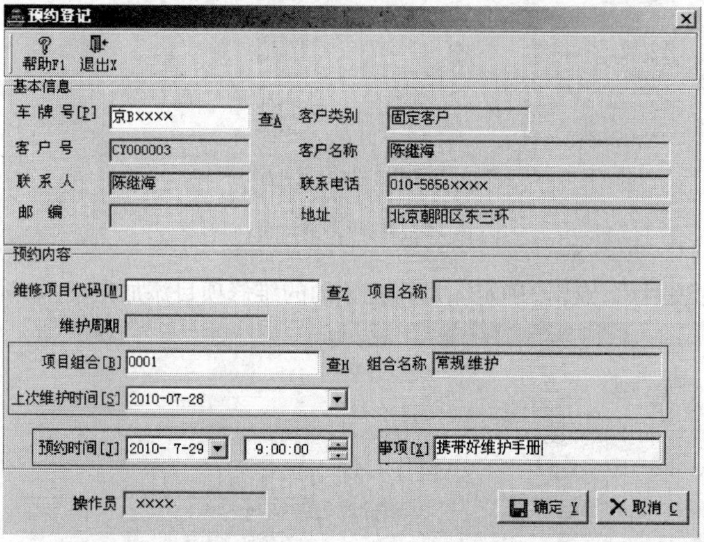

图2-8 预约登记——项目组合添加完毕后

把"预约时间"调整为2010年7月29日上午9点整,"事项"中输入"带上维护手册",点击"确定"按钮即可。

项目2 更新、取消、删除、执行预约

1 项目说明

在预约过程中,难免会有预约时间更改、客户有新的特殊要求、客户取消预约、预约完成等情况,这时就需要维修顾问对不同的预约采取相应的措施,实时地对预约表进行内容更新。

2 操作要求

(1)预约过程存在很多不确定因素,当出现预约错误或者确定客户不能按预约到店维

修后才能进行取消预约和删除预约,通常情况下不允许进行这两项操作。

(2)如果已经预约的客户需要修改预约时间或者有特殊说明时,应该使用更新功能对原预约进行修改,尽量不使用先删除预约后新建预约的操作。

(3)已经完成的预约要通过执行功能将其完成,不能一直将预约挂在"进行中"状态。

(4)为了管理需要、提高工作质量,执行过程应尽可能得到客户对预约过程的评价。

3 操作步骤

1)第一步 取消预约

在预约管理界面上,查询到需要取消的预约项目,点击"取消预约",如图2-9所示,即可弹出"已取消预约"的提示窗口,完成取消预约。

图2-9 取消预约界面

2)第二步 删除预约

在预约管理界面上,查询到需要删除的预约项目,首先取消预约项目,待预约项目取消后,点击"删除",如图2-10所示。

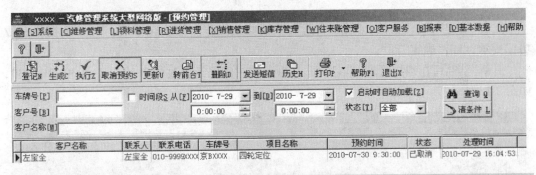

图2-10 删除预约界面

弹出删除提示窗口"确定要删除吗?",点击"是",确定删除;点击"否",取消删除操作。待弹出已成功删除提示框后,点击"确定"即可。

3)第三步 更新预约

在预约管理界面上,查询到需要更新的预约项目,点击"更新",如图2-11所示。

弹出"预约登记"窗口后,把预约时间更改为2010年7月30日10:30,如图2-12所示。

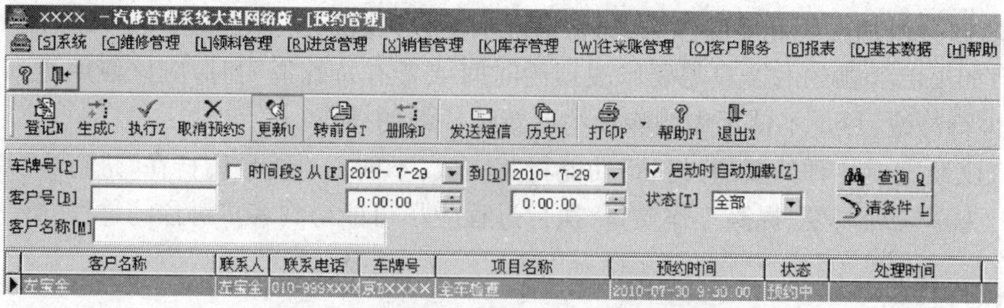

图 2-11　更新预约界面

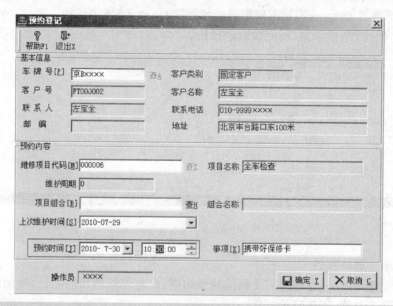

图 2-12　更新预约时间

点击"确定",确认修改;点击"取消",取消修改操作。修改完毕后,弹出"数据修改成功!"提示,点击"确定"即可。

更新完毕后,在预约管理窗口里面,查看预约时间已经更改为 2010 年 7 月 30 日 10:30,如图 2-13 所示。

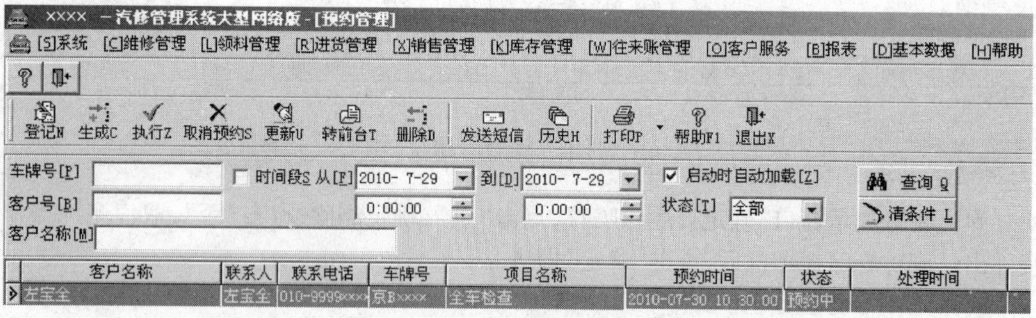

图 2-13　更新完毕后窗口显示

4)第四步　执行预约

在预约管理界面上,查询到已经进厂的预约项目,点击"执行",如图2-14所示。

图2-14　预约执行窗口

弹出"处理结果"窗口后,在"满意度"选项卡中选择"很满意",在处理结果里面输入"处理完毕",点击"确定"即可,点击"退出",则不进行执行,如图2-15所示。

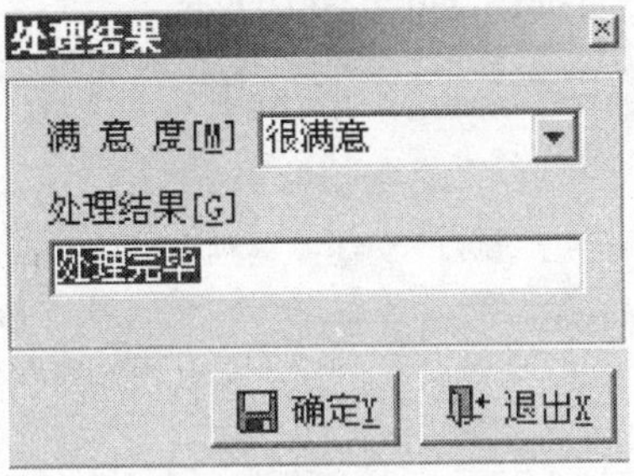

图2-15　处理结果窗口

执行完毕后,预约项目,则变成已完成,如图2-16所示。

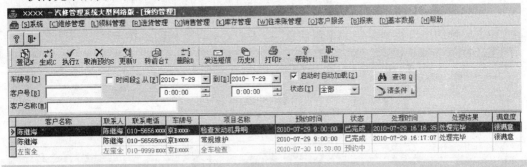

图2-16　执行完毕后的预约项目

项目3　生成预约

1 项目说明

在维修业务过程中,有些项目可能因为各种原因没办法完全修好,与客户协商后,这样的项目需要下次进厂维修的时候,更换维修人员或者等相应的配件到货后重新进行维修。

此时,维修顾问就要根据维修单据中的项目登记,对客户车辆进行预约管理。生成预约可以对维修过程中任意状态下的维修项目进行预约,对原维修单据不产生任何影响。

❷ 操作要求

(1)准确查找到客户的维修单据,并正确选择维修项目。

(2)"生成预约"功能并不能自动生成预约时间,生成后,仍需对预约单进行修改更新。

(3)正确记录与客户约定的预约时间,如果客户有特殊说明,应详细记录在事项内容中。

(4)预约登记记录完毕后,根据预约内容以及客户要求,提前安排维修工的工作,并进行备料工作。

❸ 操作步骤

1)第一步 查找在修客户及预约项目

在预约管理界面上,点击"生成",如图2-17所示。

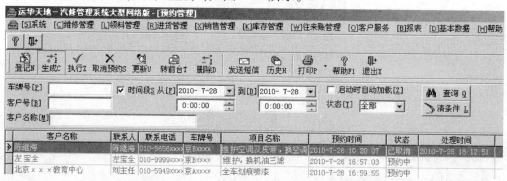

图2-17 预约生成窗口

在生成预约窗口找到需要的车辆信息"京A××××",如图2-18所示。

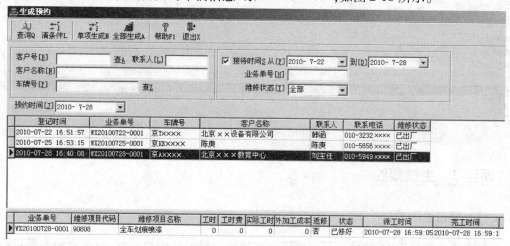

图2-18 生成预约——查询车辆信息

2）第二步　生成预约

在生成车辆的信息上,点击所需要生成的预约项目,点击"单项生成"即可,如图 2-19 所示。

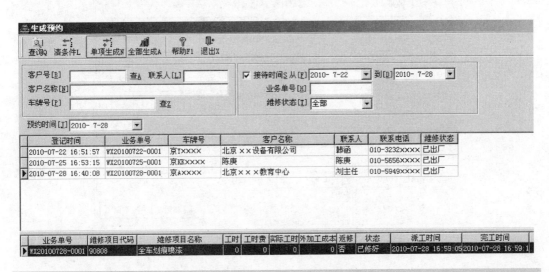

图 2-19　生成预约——查询车辆所生成预约项目信息

弹出"已生成"提示框后,点击"确定"即可完成预约。

3）第三步　更新预约

在预约管理界面上,查询到需要更新的预约项目,点击"更新",如图 2-20 所示。

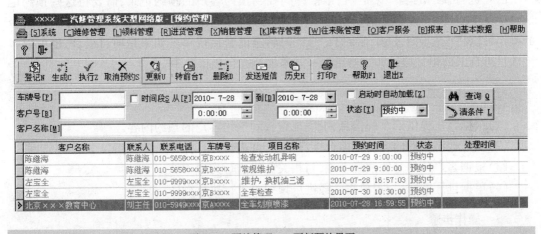

图 2-20　预约管理——更新预约界面

弹出"预约登记"窗口后,把预约时间更改为 2010 年 7 月 31 日 10：00,如图 2-21 所示。

点击"确定",确认修改;点击"取消",取消修改操作。修改完毕后,弹出"数据修改成功"提示,点击"确定"即可完成更改预约。

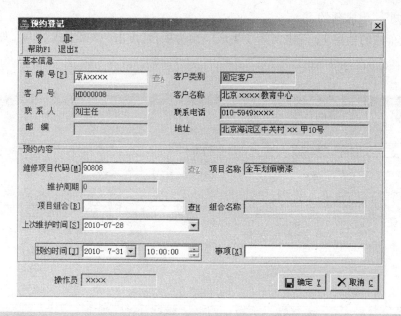

图 2-21　预约登记——更新预约时间

项目 4　预约转前台

1　项目说明

已经进行预约的客户来店后，维修顾问找到预约客户的预约记录，需要将这些预约记录直接转至前台，节省了重新登记的操作时间，为客户快速进厂维修提供了方便。转前台的操作可以将该客户下的多条维修记录同时转至前台接待单。如果是项目组合，也可以将该项目组合下的相关项目和维修用料一同添加至前台接待单中。

2　操作要求

（1）根据客户提供的车牌信息，准确地查找到预约客户的预约内容。
（2）快速地将预约内容转至前台接待单中，并进行进厂操作。
（3）根据客户预约是的注意事项，与相关部门进行沟通确认。
（4）单据进厂维修后，需要将已经进厂预约单进行执行操作。

3　操作步骤

1）第一步　查找维修预约客户及预约内容

在预约管理界面上，选中需要转前台的预约项目，点击"转前台"，如图 2-22 所示。

2）第二步　将客户预约内容转前台

点击"转前台"后，预约项目即转到前台接待界面，如图 2-23 所示。维修用料如图 2-24 所示。

在前台接待把必要内容填写完整，点击进厂即可。

学习任务2 系统维修预约

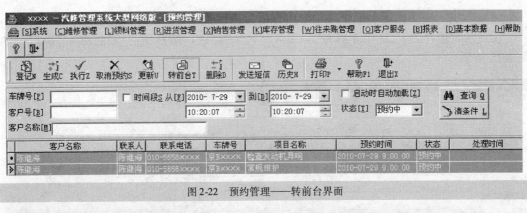

图 2-22 预约管理——转前台界面

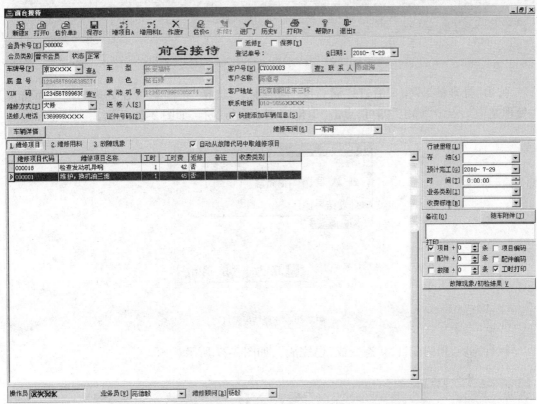

图 2-23 前台接待

商品编号	原厂图号	配件名称	单位	数量	单价	金额	收费类别	规格	新旧
08880-80355	08880-80355	机油	桶		0.00				
0140		机滤	个		120.00				
VW02511	191 129 620	空滤	个		0.00			A6 V6	
VW04041	441 201 511 C	汽滤	个		0.00			V8 A8	

图 2-24 维修用料

3) 第三步 将已经进厂维修的预约内容进行执行操作

在预约管理界面上,选中车牌号"京B××××"已进厂维修预约项目,点击"执行",如图 2-25 所示。

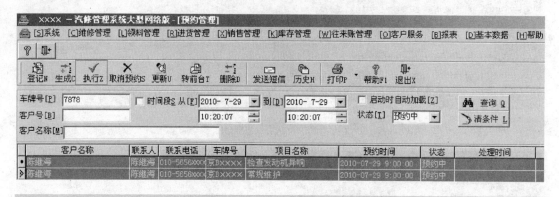

图 2-25 预约管理——预约执行窗口

弹出"处理结果"窗口后,在"满意度"选项卡中,选择"很满意",在处理结果里面输入"处理完毕",点击"确定"即可,点击"退出",则不进行执行,如图 2-26 所示。

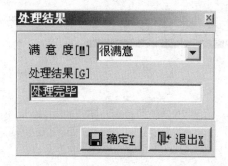

图 2-26 处理结果窗口

执行完毕,预约项目,状态变成"已完成",如图 2-27 所示。

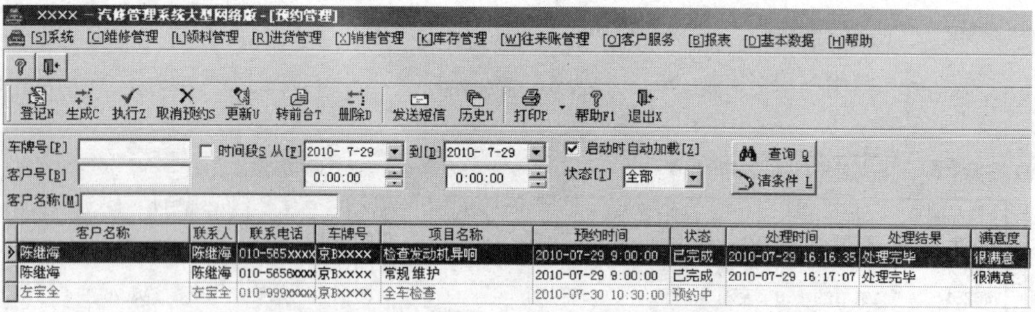

图 2-27 预约管理——预约项目执行完毕后窗口

三、学习评价

1 理论考核

1)选择题

(1)下列哪项内容不属于预约登记的范围?( )
    A.维修项目   B.项目组合   C.预约时间   D.行驶里程

(2)预约登记时必须要与客户约定好的是哪项内容?( )
    A.维修工   B.预约时间
    C.换件信息   D.以上都不是

(3)维修预约描述错误的是( )。
    A.为了更好地为客户服务
    B.为了节省客户的等待时间
    C.为了提前收取客户费用
    D.为了提前备料并合理安排维修工时间

(4)预约更新可以修改的内容是( )。
    A.客户信息   B.维修项目   C.项目组合   D.预约时间

(5)关于取消和删除预约描述正确的是( )。
    A.预约中的项目不能进行删除预约操作
    B.预约中的项目可以直接进行删除
    C.预约中的项目无需通过取消就可以删除
    D.以上都不正确

(6)下列哪种情况下可以进行执行操作?( )
    A.预约车辆尚未来店   B.预约车辆取消预约
    C.预约车辆已经进厂维修完毕并出厂   D.以上都不对

(7)生成预约描述错误的是( )。
    A.在修车辆的维修项目可以进行生成预约
    B.从未到店维修的车辆可以进行生成预约
    C.已经出厂车辆的维修项目可以进行生成预约
    D.以上全部

(8)预约生成后需要执行哪项操作?( )
    A.执行   B.登记   C.更新   D.转前台

(9)下面对预约转前台描述正确的是( )。
    A.可以将同一客户的多个预约项目同时转前台
    B.可以将不同客户的多个预约项目同时转前台
    C.只能将一个客户的一个项目转前台
    D.以上都不对

(10)转前台后需要进行哪项操作?(　　)

　　A.登记　　　　　B.执行　　　　　C.更新　　　　　D.取消

2)思考题

预约登记可以同时生成预约项目和项目组合吗?如果可以,请试做一下。

2　技能考核

1)项目1

请练习登记一张预约单。

(1)预约单设置如表2-1所示。

预约单　　　　　　　　　　　　　　　　　表2-1

车辆及客户信息	车牌号:京Y×××× 客户名称:北京××设备有限公司 联系人:韩涵
客户预约内容	2010101*更换机油和机油滤清器 2010102*更换空气滤清器
上次维护时间	2010-5-25
预约时间	当前日期的后一天,下午14:30
事项	(无)

(2)将生成的预约单进行更新,修改事项如下:车辆较长时间未维护,建议客户进行一次免费的车辆检查。

2)项目2

在项目1的基础上,完成项目转前台操作,并将预约进行执行操作。接车单见表2-2。

接车单　　　　　　　　　　　　　　　　　表2-2

附加信息	行驶里程:28160km	存油:30%
	业务类别:长期定点	收费标准:普通轿车
	备注:(无)	维修车间:一车间
	维修方式:一般维修	故障现象:(无)
	初检结果:(无)	
随车附件	默认	
人员信息	维修顾问:王权 业务员:范德毅 负责人:王权	
执行结果	满意　进厂维修速度很快,没有等待	

维修预约操作项目评分表如表2-3所示。

维修预约操作项目评分表　　　　　　　　　　表2-3

基本信息	姓名		学号		班级		组别	
	规定时间		完成时间		考核日期		总评成绩	

	序号	考核项目	标准分（总分100分）	考核标准	评分
任务工单	1	考核准备： 工具： 设备：	5		
	2	登记预约单客户及车辆选择	5	未正确添加扣5分	
	3	预约项目的选择	10	每填错一项扣5分，未选择扣5分	
	4	上次维护时间	5	时间错误扣5分	
	5	预约时间	10	时间错误扣10分	
	6	事项	10	事项内容未填扣10分，填写错误扣5分	
	7	预约项目转前台	20	未正确转前台扣20分，转前台项目不完整扣10分	
	8	附加信息的填写	5	每填写错误一项扣1分，未按要求填扣2分	
	9	人员信息	5	每填写错误一项扣3分，未按要求填写扣5分	
	10	车辆进场后执行预约	10	未执行操作扣10分，未按要求执行扣5分	
5S			5		
团队协作			5		
沟通表达			5		

学习任务 3 系统接车登记

 工作情境描述

2010年7月29日上午九时,客户赵轩驾驶自己的车辆来到某汽车4S店,维修顾问杨毅接待了客户赵轩。赵轩称车辆行驶不久,水箱温度就非常高。杨毅根据客户的描述对车辆进行了初步检查,检查完毕后杨毅就车辆的故障现象、需进行的维修项目、需更换的配件等事项与赵轩进行沟通,赵轩同意按照杨毅的建议维修。杨毅将该车相关信息和需要进行的维修项目以及其他附加信息进行系统平台登记。

 学习目标

能够完成维修车辆信息、维修项目、维修用料及外观检查等信息的登记操作,根据维修单号进行相关维修业务操作。

 学习时间

10学时。

 学习引导

本学习任务沿着以下脉络进行学习:

 设备器材

1. 计算机一台。

2. 客户身份证或驾驶证一张。
3. 车辆行驶证一张。
4. 维修车辆一辆。
5. 配件目录一本。
6. 环车检查单一张(如没有纸质文件,可直接录入计算机)。
7. 签字笔一支。

作业准备

1. 检查计算机、打印机、网络是否正常。　　　　　　　　□ 任务完成
2. 检查汽车维修服务企业管理软件是否能正常运行。　　□ 任务完成
3. 了解维修车辆的相关信息及车辆故障信息。　　　　　□ 任务完成
4. 与相关方面(如客户)沟通协调。　　　　　　　　　　□ 任务完成

教学组织建议

  学生两人一组(教师可根据实训条件自行安排分组人数),一人进行软件操作,另一人对其操作过程进行记录与分析,完成后,这两名学生交换角色练习,教师对全过程进行把控。

一、知 识 准 备

1 机动车维修业务员岗位职责

(1)负责机动车维修业务接待工作。
(2)负责对报修车辆进行初步诊断、估算维修费用、签订维修合同。
(3)负责跟踪检查维修过程、维修进度和维修质量。
(4)协助质量检验员对车辆进行竣工检查验收和车辆移交工作,协助办理维修费用结算手续。
(5)负责客户的跟踪服务,建立和管理客户档案,接待及协助处理客户投诉。

2 机动车维修业务员任职资格

1)基本条件
(1)具有机动车维修专业中职(含)以上的文化水平。
(2)一定的机动车维修工作经验,有机动车驾驶证。
2)专业知识
(1)熟悉与本行业相关的各种法律法规。

(2) 熟悉机动车维修工时、收费标准及零配件价格。
(3) 掌握机动车构造和工作原理。
(4) 了解机动车常见故障及故障诊断的基本方法。
(5) 熟悉机动车各工种基本维修工艺流程及技术要求。
(6) 熟悉机动车零配件常识。

3) 专业技能
(1) 能制订及实施业务接待流程。
(2) 能对车辆进行初步诊断,确定维修项目,估算维修费用,签订维修合同,引导客户正确进行车辆维护和修理。
(3) 能协助相关人员对维修过程、维修进度和维修质量进行跟踪。
(4) 能协助质量检验员对竣工车辆进行检查验收。
(5) 能熟练操作计算机。
(6) 能建立客户档案。

二、任务实施

项目1　前台接待新增车辆基本信息

1　项目说明

车辆第一次到店维修时,在维修管理系统的数据库中并不存在该车信息,维修顾问无法从前台接待单中直接调出客户的车辆信息,此时就需要维修顾问将客户信息以及车辆信息详细地录入到计算机中。新增车辆信息是前台接待工作的最基本要求,登记的客户及车辆信息,将作为店内客户档案进行留存。以后客户到店维修无需提供所有信息,只提供车牌号或者某项关键信息,接车人即可从数据库中调用完整的客户资料。

2　操作要求

(1) 根据客户提供的证件信息,如实、准确地建立客户档案,并录入到维修管理系统中。
(2) 客户信息的填写要符合实际标准,如车牌号、VIN 码、车型、客户身份证/驾驶证号等。
(3) 保证客户及车辆资料的完整性。

3　操作步骤

1) 第一步　打开前台接待界面

登录软件后,点击"维修管理"下的"前台接待",或点击主菜单"帮助"下的"汽修导航",进入汽修业务导航界面,点击"前台接待"按钮,进入前台接待窗口。

2) 第二步　新建前台接待单

单击工具栏中的"新建"按钮,如图 3-1 所示,产生一张空白单据。

学习任务3 系统接车登记

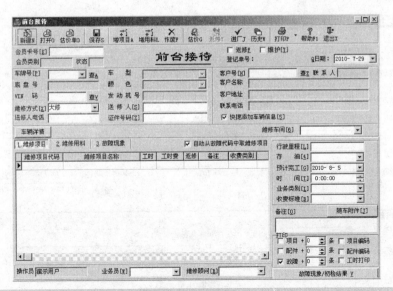

图3-1 前台接待界面

3)第三步 新建车辆信息

输入车牌号:京PT××××,按回车键或点击"查A"按钮。

(1)按回车键后软件提示"车牌号:京PT××××在系统中不存在,是否增加新资料?"。如果点击"是",则往数据库里面录入新的客户信息;如果点击"否",则不增加新客户信息。按照客户提供的车辆行驶证、驾驶证等信息,填写基本信息,如图3-2所示。

图3-2 前台接待中填写客户及车辆详细

填写完毕基本信息后,点击"保存"按钮,即可把基本信息保存到数据库里面。

注意:客户号填写时分两种形式。

①自动生成客户编码:填写客户基本信息时,把"自动生成客户编码"前的选择框打上对勾,保存即可;

②自定义填写:首先把"自动生成客户编码"的选项取消,然后在"客户号"栏位里面手工填写上客户编码,保存即可。

完善客户信息:点击"保存"后,弹出"保持成功,是否要完善客户资料和车辆资料?"点击"是",则转到车辆信息窗口,如图3-3所示;点击"否",则退出完善信息窗口(日后还可以继续完善信息)。

图 3-3 车辆信息窗口

(2) 如果点击"查A"按钮,系统提示"没有找到该车",点击"确定"后,提示如图 3-4 所示。

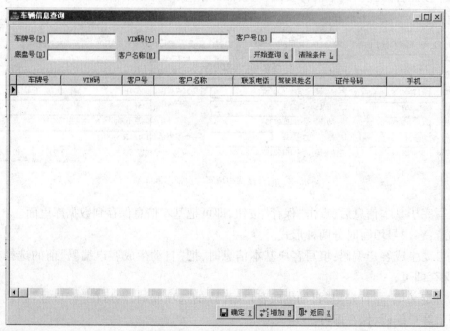

图 3-4 车辆信息查询界面

点击"增加N"按钮,弹出下列窗口,如图 3-5 所示;把车辆信息填写完整,确定即可。

此处主要记录客户信息及车辆信息,车辆及客户信息越详细越好,前台接待对于接车要快速准确,所以记录客户信息时,必须先记录主要的信息,等稍后工作不忙时,再去补充和完善车辆及客户信息。

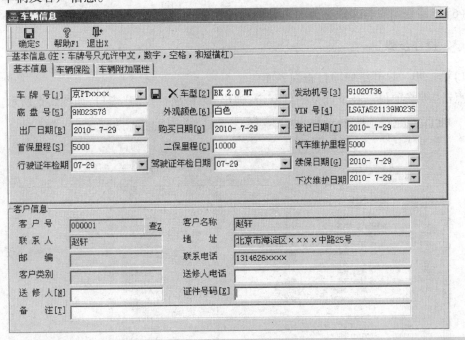

图3-5　车辆详细信息界面

项目2　前台接待增加维修项目

1　项目说明

车辆到店维修时,客户向维修顾问口述故障现象,维修顾问根据客户描述,协助技术人员检查车辆故障问题,与技术人员和客户协商维修项目。维修项目确定后,由维修顾问将维修项目录入到计算机中。维修项目录入内容包括项目的编码、名称,工时,与客户协商后的工时费,维修项目所属的收费类别(包括:自费、保险、索赔、免费),该项目是否返修等。如有特殊说明,需要在备注部分标明。

2　操作要求

(1)根据与技术人员和客户沟通后的结果,将客户车辆需要维修的项目信息录入到维修管理系统中。要求:所加项目需要在数据库有相应项目,如果所加项目在数据库中不存在,首先须新建项目,其次再建立维修单据。

(2)添加数据库中存在的项目时,不能在原有项目名称的基础上直接修改项目名称,防止按维修项目名称统计的过程中数据不完整。

(3)维修项目添加后,必须填写维修工时及工时费。如果项目的收费类别有所区别,那么还需要将项目的收费类别标注清楚。

(4) 保证项目内容与维修故障现象相符合。

(5) 保证维修工时的合理性。

(6) 维修费用应与客户充分沟通后再进行定价。

3 操作步骤

1) 第一步 打开维修项目查询界面

点击"维修项目",在下面空白处双击,弹出"维修项目查询"窗口,如图3-6所示。

图3-6 维修项目查询(单据用)界面

双击"维护"维修项目或选中该项目,点击"选中添加到单据"按钮,点击"返回"按钮,即可在"前台接待"窗口,看到新增加的维修项目,如图3-7所示。填写好工时、工时费以及收费类别。

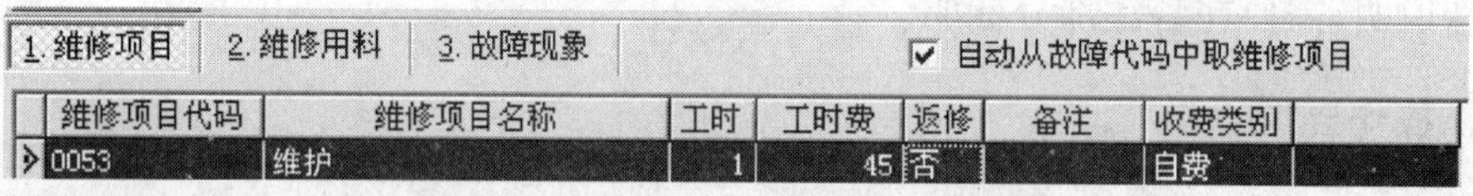

图3-7 前台接待维修项目表格

收费类别表示项目收费归属,包括:自费、索赔、保险和免费,共四项内容。"自费"项目表示由客户自行承担的费用,空项默认为自费项目;"保险"项目表示由保险公司承担的费用,项目属于保险维修项目;"索赔"项目表示由车辆厂家承担的费用,项目属于索赔维修项目。

点击菜单栏“增项目”按钮，同样弹出“维修项目查询”窗口，如图 3-8 所示，可以进行维修项目的增加。

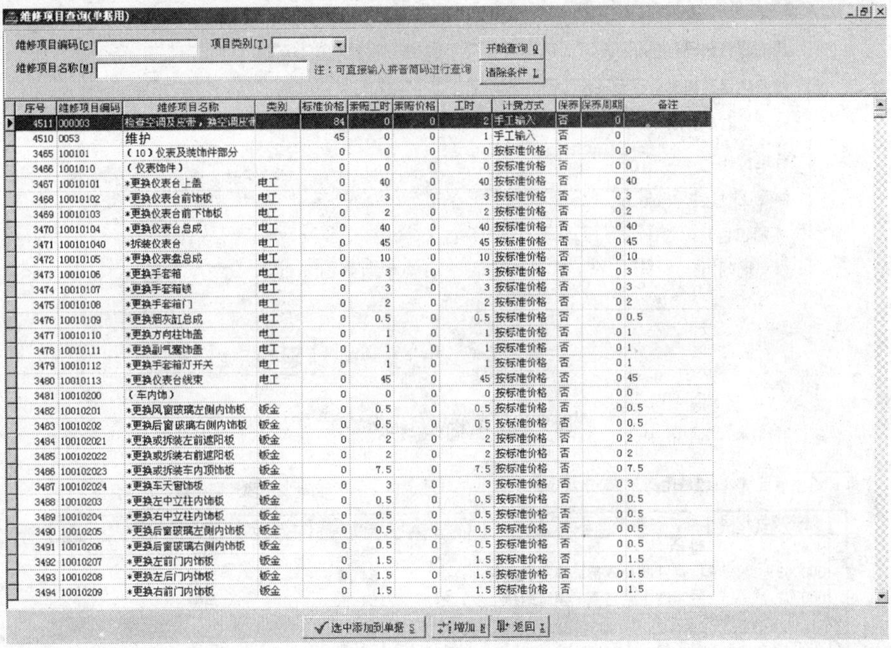

序号	维修项目编码	维修项目名称	类别	标准价格	索赔工时	索赔价格	工时	计费方式	保养	保养周期	备注
4511	000003	检查空调及皮带，换空调皮带		84	0	0	2	手工输入	否	0	
4510	0053	维护		45	0	0	1	手工输入	否	0	
3465	100101	（10）仪表及装饰件部分		0	0	0	0	按标准价格	否	0	0
3466	1001010	（仪表饰件）		0	0	0	0	按标准价格	否	0	0
3467	10010101	*更换仪表台上盖	电工	0	40	0	40	按标准价格	否	0	40
3468	10010102	*更换仪表台前饰板	电工	0	3	0	3	按标准价格	否	0	3
3469	10010103	*更换仪表台前下饰板	电工	0	2	0	2	按标准价格	否	0	2
3470	10010104	*更换仪表台总成	电工	0	40	0	40	按标准价格	否	0	40
3471	100101040	*拆装仪表台	电工	0	45	0	45	按标准价格	否	0	45
3472	10010105	*更换仪表盘总成	电工	0	10	0	10	按标准价格	否	0	10
3473	10010106	*更换手套箱	电工	0	3	0	3	按标准价格	否	0	3
3474	10010107	*更换手套箱锁	电工	0	3	0	3	按标准价格	否	0	3
3475	10010108	*更换手套箱门	电工	0	2	0	2	按标准价格	否	0	2
3476	10010109	*更换烟灰缸总成	电工	0	0.5	0	0.5	按标准价格	否	0	0.5
3477	10010110	*更换方向柱饰盖	电工	0	1	0	1	按标准价格	否	0	1
3478	10010111	*更换副气囊饰盖	电工	0	1	0	1	按标准价格	否	0	1
3479	10010112	*更换手套箱灯开关	电工	0	1	0	1	按标准价格	否	0	1
3480	10010113	*更换仪表台线束	电工	0	45	0	45	按标准价格	否	0	45
3481	10010200	（车内饰）		0	0	0	0	按标准价格	否	0	0
3482	10010201	*更换风窗玻璃左侧内饰板	钣金	0	0.5	0	0.5	按标准价格	否	0	0.5
3483	10010202	*更换后窗玻璃右侧内饰板	钣金	0	0.5	0	0.5	按标准价格	否	0	0.5
3484	100102021	*更换或拆装左前遮阳板	钣金	0	2	0	2	按标准价格	否	0	2
3485	100102022	*更换或拆装右前遮阳板	钣金	0	2	0	2	按标准价格	否	0	2
3486	100102023	*更换或拆装车内顶饰板	钣金	0	7.5	0	7.5	按标准价格	否	0	7.5
3487	100102024	*更换车天窗饰板	钣金	0	3	0	3	按标准价格	否	0	3
3488	10010203	*更换左中立柱内饰板	钣金	0	0.5	0	0.5	按标准价格	否	0	0.5
3489	10010204	*更换右中立柱内饰板	钣金	0	0.5	0	0.5	按标准价格	否	0	0.5
3490	10010205	*更换后窗玻璃左侧内饰板	钣金	0	0.5	0	0.5	按标准价格	否	0	0.5
3491	10010206	*更换后窗玻璃右侧内饰板	钣金	0	0.5	0	0.5	按标准价格	否	0	0.5
3492	10010207	*更换左前门内饰板	钣金	0	1.5	0	1.5	按标准价格	否	0	1.5
3493	10010208	*更换左后门内饰板	钣金	0	1.5	0	1.5	按标准价格	否	0	1.5
3494	10010209	*更换右前门内饰板	钣金	0	1.5	0	1.5	按标准价格	否	0	1.5

图 3-8　维修项目查询界面

选上“检查空调及皮带，换空调皮带、张紧轮”，返回即可。如图 3-9 所示。

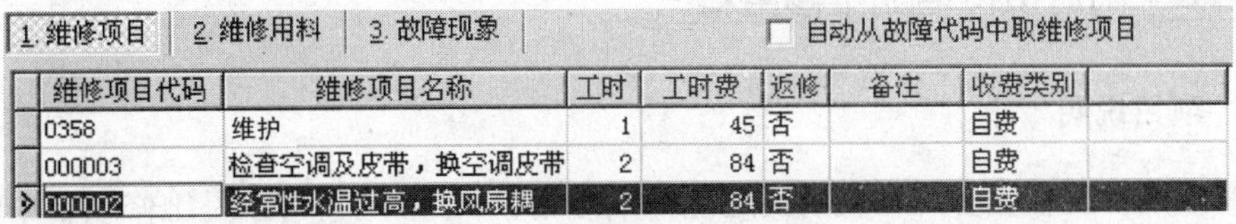

维修项目代码	维修项目名称	工时	工时费	返修	备注	收费类别
0358	维护	1	45	否		自费
000003	检查空调及皮带，换空调皮带	2	84	否		自费
000002	经常性水温过高，换风扇耦	2	84	否		自费

图 3-9　维修项目添加后显示界面

如果操作员对维修项目熟悉，直接在“维修项目代码”处，输入代码，回车即可添加成功。

2）第二步　增加一个新的维修项目定义

如果所需维修项目，在维修项目查询列表中查询不到，可以点击维修项目查询界面中的“增加”按钮，如图 3-10 所示；弹出维修项目定义界面，如图 3-11 所示，进行维修项目增加。

填写完成后，点击“确定”按钮即可。按照实际需求，填写信息如图 3-11 所示。

如果维修项目比较多，可以通过检索条件快速查询。例如，在“维修项目编码”处，填上部分或全部项目编码信息，点击“开始查询”即可找到与之相符的项目信息，也可以通过“项目类别”分类显示维修项目信息；在“维修项目名称”文本框里面，无需输入汉字，直接输入拼音简码即可进行查询。

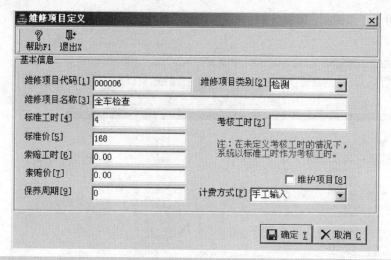

图 3-10 维修项目定义界面

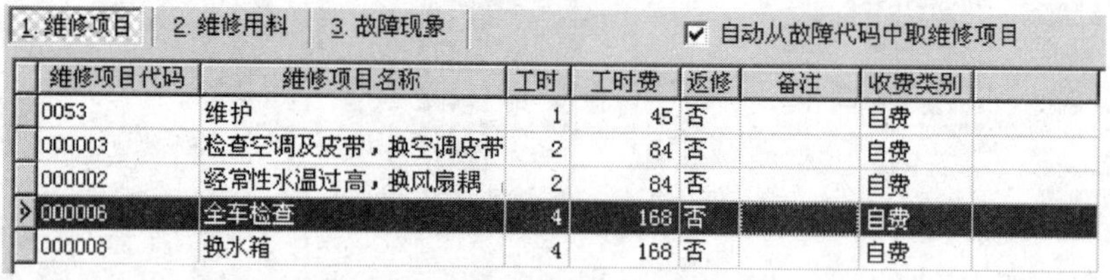

图 3-11 维修项目添加完成后,显示结果

项目3 前台接待增加维修用料

1 项目说明

维修顾问需要根据客户车辆的问题选择维修用料,维修用料可以是维修项目中需要的辅料,也可以是客户需要换用的配件,还可以是客户决定增加的装饰等。

2 操作要求

(1)根据与技术人员和客户沟通后的结果,将客户车辆需要修理或更换的配件信息录入到维修管理系统中。

(2)维修用料如果不在数据库中,那么应该首先新增维修用料,然后再进行维修单据的填写。

(3)维修单据中增加已经存在的维修用料时,不能修改维修用料的名称,以防止统计维修用料时,按维修用料名称查询信息不完整。

(4)维修用料中必须要填写的是用料的数量、单价、金额。如果出现收费类别的变化,那么需要将用料的收费类别标注清楚。

(5)保证维修用料与维修项目相符合。

(6)保证维修用料价格合理。

(7)在对维修用料定价前应与客户进行充分沟通。

3 操作步骤

1)第一步　打开维修用料查询界面并添加用料

点击"维修用料",在下面空白处双击,弹出"配件查询"窗口,如图3-12所示。

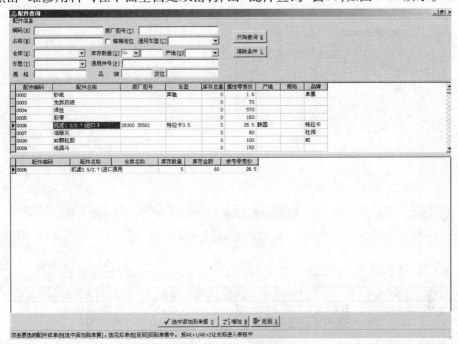

图3-12　配件查询界面

双击"机滤3.5/2.7(进口)"配件信息或选中该配件,点击"选中添加到单据"按钮,点击"返回"按钮,即可在"前台接待"窗口,看到新增加的配件信息,如图3-13所示。

商品编号	原厂图号	配件名称	单位	数量	单价	金额	收费类别	规格	新旧
0006	26300 35501	机滤3.5/2.7(进口)	个	1	26.50	26.50	自费		

图3-13　前台维修用料表格

点击菜单栏"增用料"按钮,同样弹出"配件查询"窗口,可以进行配件信息的增加,如图3-14所示。

选上"汽滤3.0(进口)",返回即可,如图3-15所示。

如果操作员对配件信息熟悉,可直接在"商品编号"处,输入配件编码,回车即可添加成功。

2)第二步　新增配件信息

如果所需配件信息,在列表中查询不到,可以点击"增加"按钮,增加配件信息,如图3-16所示。填写完成后,点击"确定"按钮即可。

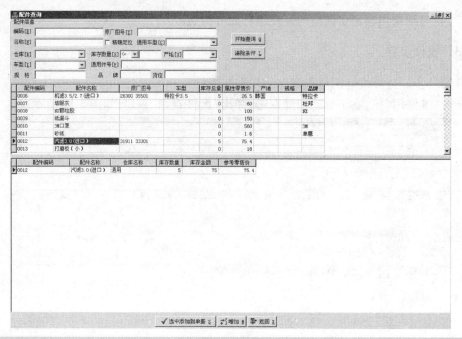

图3-14 配件查询界面

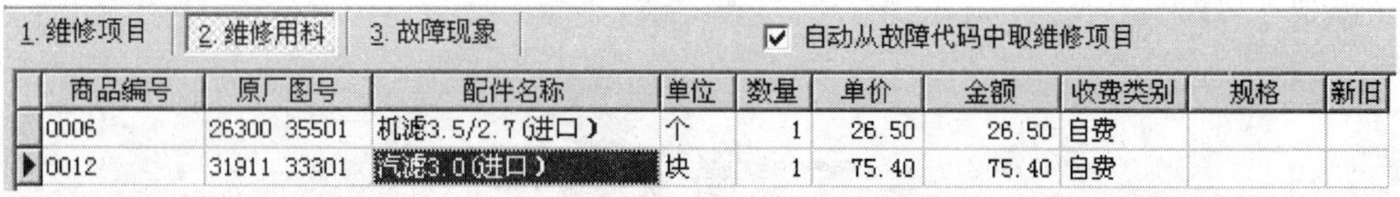

图3-15 配件"汽滤"选择后,维修用料表格显示结果

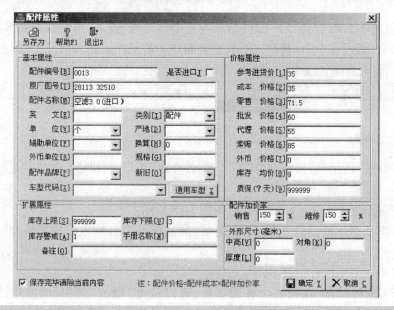

图3-16 配件属性界面

项目4　前台接待填写附加信息

1　项目说明

维修顾问需要对维修车辆进行环车检查,检查车辆的附件是否完整、是否有损,并对不完整的或者损坏的部件进行登记。同时,需要登记车辆的行驶里程、存油情况等,帮助客户联系维修人员,分配维修车间,与维修人员为客户预估完成时间。

2　操作要求

(1)仔细检查车辆的附件,将有损或者缺少的附件录入到维修管理系统中。
(2)检查车辆的行驶里程。填写时要符合真实情况,本次维修时的行驶里程原则上要大于上次维修时的行驶里程。
(3)检查车辆的存油情况,记录油箱的存油数量。
(4)为客户联系技术修理人员,分配维修车间并为客户提供预计完工时间。

3　操作步骤

1)第一步　填写车辆行驶状况信息以及维修信息

(1)在窗口右侧,如实填写车辆行驶里程:16800,如图3-17所示。

图3-17　车辆修理时的行驶里程

(2)存油:3/8;如图3-18所示。
(3)预计完工:2010-07-29　16:30;如图3-19所示。

图3-18　车辆存油情况

图3-19　车辆预计完工时间

(4)业务类别(保险业务、长期定点、临时客户、特约维修等):临时客户;如图3-20所示。
(5)收费标准(高级轿车、普通轿车、货车等):高级轿车;如图3-21所示。

图3-20　车辆维修业务类别

图3-21　维修车辆收费标准

2）第二步　填写随车附件

进行环车检查并认真填写车辆随车附件信息。如图3-22所示。

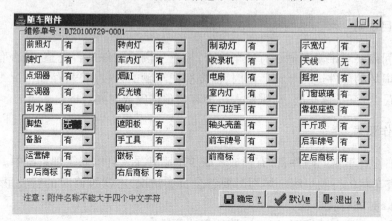

图3-22　随车附件界面

3）第三步　记录故障现象及初检结果

在故障现象栏位里，记录该车的故障现象，并在初检结果栏位中记录初步解决方法，如图3-23所示。

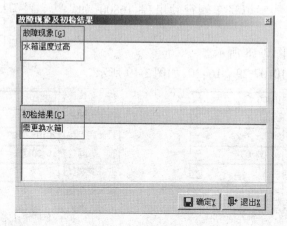

图3-23　故障现象及初检结果

4）第四步　记录特殊说明

如果还有别的特殊说明，请在备注里面填写上，如"维护时，机油滤清器、汽油滤清器、空气滤清器必须使用进口产品"。可根据实际需要如实填写。

项目5　打印委托书、客户签字后进厂维修

1　项目说明

维修顾问将前台接待需要填写的内容增加完毕后，需要将客户委托修理的内容打印出

来,请客户签字,委托书则由维修顾问、车间主任以及客户各持一份。

2 操作要求

(1)仔细检查登记到计算机中的委托信息,保证委托维修项目、配件的正确性。
(2)打印出来的委托书要完整、清晰,并请客户签字确认。

3 操作步骤

点击前台接待单中,菜单栏上"保存"或"进厂"按钮后,均可打印委托书。

1)第一步 未进厂时打印委托书

在未进厂前,点击"保存"按钮,系统会自动生成业务单号,此时点击菜单栏上的"打印"按钮,即可弹出委托书打印界面,如图3-24所示。在此界面上点击"打印"按钮,即可完成打印。

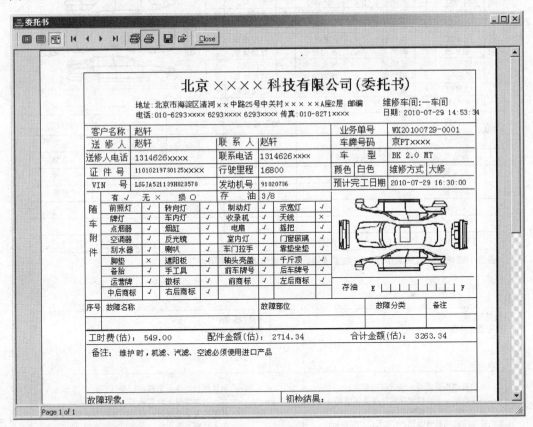

图3-24 委托书打印界面

2)第二步 进厂时打印委托书

如果点击"进厂",弹出"确定要进厂吗?"提示框,点击"是",则进厂;点击"否"返回操作。

点击"是",弹出"要打印委托书吗"提示框,点击"是",打印委托书(图3-25);点击"否",直接进厂,不进行打印。待委托书打印成功后,经办人和客户都要在委托书底部签字确认。

北京××××科技有限公司(委托书)

地址:北京市海淀区清河××中路25号中关村××A座2层 邮编　　维修车间:一车间
电话:010-6293×××× 6293×××× 6293×××× 传真:010-8271××××　日期:2010-07-29 14:53:3

客户名称	赵轩			业务单号	WX20100729-0001
送修人	赵轩	联系人	赵轩	车牌号码	京PT××××
送修人电话	13146261×××	联系电话	13146261192	车型	BK 2.0 MT
证件号	11010219730125××××	行驶里程	16800 km	颜色	白色	维修方式	大修
VIN号	LSGJA521139H023578	发动机号	91020736	预计完工日期	2010-07-29 16:30:00

	有√ 无× 损○	存 油 3/8
随车附件	前照灯 √ 转向灯 √ 制动灯 √ 示宽灯 √ 牌灯 √ 车内灯 √ 收录机 √ 天线 × 点烟器 √ 烟缸 √ 电扇 √ 摇把 √ 空调器 √ 反光镜 √ 室内灯 √ 门窗玻璃 √ 刮水器 √ 喇叭 √ 车门拉手 √ 靠垫坐垫 √ 脚垫 × 遮阳板 √ 轴头亮盖 √ 千斤顶 √ 备胎 √ 手工具 √ 前车牌号 √ 后车牌号 √ 运营牌 √ 徽标 √ 前商标 √ 左后商标 √ 中后商标 √ 右后商标 √	存油 E||||| F

序号	维修项目	施工内容	工时	工时费	收费类别
1	维护		1	45	自费
2	检查空调及皮带,换空调皮带,张紧轮		2	84	自费
3	经常性水温过高,换风扇耦合器		2	84	自费
4	换水箱		4	168	自费
5	全车检查		4	100	
6	检修发动机故障灯亮		1	32	

工时费(估): 513.00　　配件金额(估): 1951.34　　合计金额(估): 2464.34

备注:维护时,机油滤清器、汽油滤清器、空气滤清器必须使用进口产品

故障现象:
水箱温度过高

初检结果:
需更换水箱

※根据汽车维修行业管理部门规定:
一级维护、小修或专项修理质量保证期:10天或2000 km
二级维护:30天或5000 km
整车修理或总成修理:100天或20000 km

※零件损坏是否更换　□是　□否
本人对本单以上内容已经确认,
并愿按上述要求进行维修和支付有关费用。
本人已将车内现金、票据以及贵重物品取走。

经办人: _____　　用户签字: _____　　页号: 1

图3-25　前台接待委托书常规打印显示样式

三、学习评价

1 理论考核

1)选择题

(1)打开前台接待单,是从下面哪个模块进入?(　　)
　　A.汽贸管理　　　　B.汽修管理　　　　C.客户服务　　　　D.汽配管理

(2)软件操作时,如果客户是第一次来店修车,维修顾问进入前台接待单后首先应该做什么?(　　)
　　A.添加维修项目　　　　　　　　B.添加故障现象
　　C.添加客户/车辆信息　　　　　D.添加维修用料

(3)前台接待时,维修顾问为车辆添加维修项目,下列哪项操作无法添加项目?(　　)
　　A.双击维修项目表格
　　B.点击"增项目"按钮
　　C.所有项目信息在维修项目表格中直接输入
　　D.右键点击维修项目表格,选择"增项目"项
　　E.在维修项目表格的项目编码处输入项目编码,然后回车

(4)前台接待时,维修顾问为车辆添加维修用料,下列哪项操作无法添加配件?(　　)
　　A.双击维修用料表格
　　B.点击"增用料"按钮
　　C.所有配件信息在维修用料表格中直接输入
　　D.右键点击维修用料表格,选择"增用料"项
　　E.在维修用料表格的配件编码处输入配件编码,然后回车

(5)前台接待时,哪个项目是必须填写的?(　　)
　　A.存油　　　　B.业务类别　　　　C.收费标准　　　　D.行驶里程

(6)前台接待时,哪种方法无法明确的直接调出车辆信息?(　　)
　　A.在车牌号文本框中直接输入车牌号,回车
　　B.点击车牌号文本框中的"查A"查询
　　C.点击VIN码文本框后面的"查V"查询
　　D.点击客户编码文本框后面的"查Z"查询

(7)前台接待环车检查后,需要记录附件状态,需要用以下哪个功能进行记录?(　　)
　　A.随车附件　　　B.备注　　　C.故障现象/初检结果　　　D.以上全不是

(8)前台接待中维修项目和维修用料中的收费类别分为四种,下列(　　)不在这四种之中。
　　A.自费　　　　B.保险　　　　C.理赔　　　　D.索赔

(9)下列修理厂的岗位,哪个不是在前台接待中出现的角色?(　　)
　　A.业务员　　　　B.采购员　　　　C.维修顾问　　　　D.操作员

(10)对打印委托书描述不正确的是( )。
　　A. 前台接待单保存后就可以打印委托书
　　B. 前台接待单进厂时可以打印委托书
　　C. 委托书打印出来后,需要客户签字
　　D. 委托书不需要给维修顾问和车间留存
2) 思考题
　　前台接车时,面对新客户,在软件系统中不存在客户档案,那么接车的时候是先将车辆信息完整录入到系统中,还是先将车辆信息简单录入进厂后再详细录入呢? 为什么?

2　技能考核

1) 项目1
　　请按照图3-26,完成客户/车辆信息的添加、维修项目的添加、维修用料的添加、附加信息的添加,并进厂打印(预览)委托书。

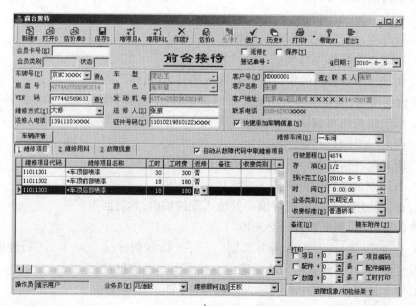

图3-26　项目1图

2) 项目2
　　请根据接车单(表3-1)完成前台接待单的操作。

项目2 接 车 单   表3-1

车辆信息	车牌号:京GW×××× 车型:圣达菲2.7L 颜色:黑色 底盘号:004161 VIN码:LRH14C1B870001234 发动机号:G6BA7626132				
客户信息	送修人(联系人):李伟 客户名称:北京××科技发展有限公司 地址:北京市昌平区××18号 电话:1381568×××× 客户身份证:11010319670929××××				
维修项目	编码	名称	工时	工时费(元)	收费类别
	000001	维护,换机油、机油滤清器、空气滤清器	1	45	自费
	000020	检修发动机故障灯亮	1	0	自费
	000018	检查发动机异响	1	0	自费
	000017	检查行驶时速90~100km/h时转向盘抖	1	0	自费
	000016	四轮定位	1	200	自费
	0002	检查空调	1	0	自费
	000006	全车检查	4	168	自费
	0004	换前制动片	1	30	自费
维修配件	编码	名称	数量	单价(元)	收费类别
	0163	机油3.5/2.7	4.7	30.70	自费
	0241	空气滤芯2.7/2.0	1	56.00	自费
	0006	机油滤清器3.5/2.7(进口)	1	26.50	自费
	0165	齿轮油2.5	2	245.00	自费
	0170	变速器油	1	178.00	自费
	0325	前制动片	1	570.00	自费
附加信息	行驶里程:58000km 存油:1/4 预计完工时间:比接车时间多2h 业务类别:长期定点 收费标准:普通轿车 备注:(无) 故障现象:制动性能不良 初检结果:制动片磨损 维修车间:一车间 维修方式:维护				
随车附件	天线:损 脚垫:损 中后商标:无				
人员信息	维修顾问:张昭 业务员:张昭				

前台接待平台操作项目评分表如表 3-2 所示。

前台接待平台操作项目评分表 表 3-2

<table>
<tr><td rowspan="2">基本信息</td><td>姓名</td><td></td><td>学号</td><td></td><td>班级</td><td></td><td>组别</td><td></td></tr>
<tr><td>规定时间</td><td></td><td>完成时间</td><td></td><td>考核日期</td><td></td><td>总评成绩</td><td></td></tr>
<tr><td rowspan="8">任务工单</td><td colspan="2">序号</td><td colspan="2">考核项目</td><td colspan="2">标准分
（总分100分）</td><td>考核标准</td><td>评分</td></tr>
<tr><td colspan="2">1</td><td colspan="2">考核准备：
工具：
设备：</td><td colspan="2">5</td><td></td><td></td></tr>
<tr><td colspan="2">2</td><td colspan="2">新建车辆信息</td><td colspan="2">5</td><td>未完整添加扣 3 分，未正确添加扣 2 分</td><td></td></tr>
<tr><td colspan="2">3</td><td colspan="2">新建客户信息</td><td colspan="2">5</td><td>未完整添加扣 3 分，未正确添加扣 2 分</td><td></td></tr>
<tr><td colspan="2">4</td><td colspan="2">新增维修项目及工时、工时费、收费类别</td><td colspan="2">25</td><td>每添错一个项目扣 5 分；工时未写扣 5 分；工时费未写，扣 5 分；收费类别不正确扣 2 分</td><td></td></tr>
<tr><td colspan="2">5</td><td colspan="2">新增维修用料及数量、价格、收费类别</td><td colspan="2">25</td><td>每添加一个错误用料 5 分，配件数量、价格、收费类别不正确各扣 2 分</td><td></td></tr>
<tr><td colspan="2">6</td><td colspan="2">附加信息的填写</td><td colspan="2">10</td><td>每填写错误一项扣 1 分，未按要求填写扣 2 分</td><td></td></tr>
<tr><td colspan="2">7</td><td colspan="2">委托书打印</td><td colspan="2">5</td><td>未打印委托书扣 3 分，未按要求打印委托书扣 2 分</td><td></td></tr>
<tr><td colspan="5">5S</td><td colspan="2">5</td><td></td><td></td></tr>
<tr><td colspan="5">团队协作</td><td colspan="2">5</td><td></td><td></td></tr>
<tr><td colspan="5">沟通表达</td><td colspan="2">5</td><td></td><td></td></tr>
</table>

学习任务4　系统维修派工

工作情境描述

2010年7月29日上午九时三十分,客户赵轩按照之前的电话预约如期到店,维修顾问杨毅负责接待,将赵轩的车辆维修委托书、维修车辆、车钥匙交给了车间负责人刘一民,并将车辆的详细情况为刘一民做了介绍。刘一民根据赵轩车辆的维修项目和车间维修人员的工作情况,进行了派工。派工后,相关维修人员即对车辆展开维修。

学习目标

1. 能够运用汽车维修服务企业管理软件根据车辆维修项目进行派工、完工审核和竣工审核;
2. 具备客户车辆维修项目的分析和处理能力。

学习时间

10学时。

学习引导

本学习任务沿着以下脉络进行学习:

设备器材

1. 计算机一台。

2. 派工单若干。

3. 维修车辆一辆。

4. 即进即出领料单若干。

5. 相关维修用料若干。

6. 退料入库单若干。

7. 需要退料的维修用料若干。

8. 总检单一张(如无纸质总检单,可直接录入计算机)。

作业准备

1. 检查计算机、打印机、网络是否正常。　　　　　　　□ 任务完成
2. 检查汽车维修服务企业管理软件是否能正常运行。　　□ 任务完成
3. 了解维修车辆的相关信息及车辆故障信息。　　　　　□ 任务完成
4. 了解维修配件的相关市场信息。　　　　　　　　　　□ 任务完成
5. 掌握每个维修工的派工情况,能够合理分配维修工工作。□ 任务完成
6. 与相关方面(如客户、维修工、车间负责人等)沟通协调。□ 任务完成

教学组织建议

学生两人一组(教师可根据实训条件自行安排分组人数),一人进行软件操作,另一人对其操作过程进行记录与分析,完成后,这两名学生交换角色练习,教师对全过程进行把控。

一、知 识 准 备

❶ 派工管理

1) 派工的基本操作

派工分为单派、分派、合派三种情形。单派是指把一个维修项目派给某一个维修工;分派是指把一个项目派给多个人协作完成;合派是指将几个项目同时派给某一个人。有时派工后,还会遇到一些问题,例如停工、返工、换人等,需要一些特殊操作。

2) 完工和返工处理

维修项目完成以后,即为完工状态。如果各个维修项目完工的时间不一致,应该采用逐项完工。如果维修项目不多又同时修好,可以使用"全完工",将所有项目同时完工。

在特殊情况下,某些维修项目可能发生没有修好、来不及维修或者放弃维修等情况,就要使用"单项强制完工"功能来处理。强制完工后,该项目状态为"未修好"状态。

项目完成后,总检人需要对车辆进行总检,如果总检不合格,需要重新进行修理,此时就要进行返工处理。

2 领料管理

1）领料管理中的注意事项

（1）领料管理中的领用价格有三种选择:属性价格,手工输入以及入库单价×比例。属性价格指的是领用价格默认配件属性中的零售价格。手工输入是指不调用系统属性中的价格信息,而是调用库存信息中由采购员在入库的时候自行输入的价格。入库单价×比例指的是,领用价格在入库成本价格的基础上乘以一定的比例,即:领料价格＝入库成本价×比例,该比例通常大于1。

（2）在维修领料单中有两个概念需要区分:暂不领料和作废用料。暂不领料指该材料在本次领料过程中,暂时不领用,而可能在下次领用。作废用料是指将这个用料从该维修单中删除,不再领用。

（3）在维修单中,一般每次只领用一个仓库中的材料。

2）退料管理的操作类别

退料的操作有两种:从车间退料和从领料单退料。

一般退料的决定由两个岗位作出,一个是车间,一个是库房。当车间决定退料的时候,采用车间退料的方法。如果企业规定,材料的退库无需车间批准,可以由库房自行决定,那么就可以采用"从领料单直接退库"功能,也就是说,库管员调用原有的领料单,根据领料单的内容进行退库。车间退料和库房退料的主要区别在于退料的决定权归属的不同,适用于不同的管理制度。

3）领料和退料查询

领料和退料查询方法类似,主要目的是查看各维修单的领退料状况,为统计分析和决策提供依据。在领料单查询中,即进即出领料单的颜色一般以特殊的红色显示,以区别于其他领料单。

4）完工总检和反总检

完工总检是指在所有项目都已经完成作业之后,由总检员对车辆的维修结果进行检查。经总检员检查合格后,该车辆才可以进行结算。

在中小型汽车维修企业,总检员通常由车间里的某技术骨干兼任,因此,在车间完工的时候由该人进行总检,也因此,在中型汽车维修企业的管理软件中,将总检这个步骤集成到了车间管理之中。比较大型的汽车维修企业或者4S站一般都有专职的总检员,总检员通常都是维修技能全面且过硬的技术骨干,他们应该对完工的车辆进行全面细致的检查,因此把总检步骤分离出来,单独作为一个管理节点。

总检过后,车辆一般就不能增加新的维修项目和领用配件了。如果客户要求增减维修项目和配件,就应该进行反总检,同时也需要重新回到车间管理的系统界面进行增删修改。

二、任 务 实 施

项目1 车间管理项目派工

1 项目说明

车间管理项目派工,是维修顾问或者车间负责人给维修车辆需维修的项目分派维修工人的过程。根据维修项目的内容不同,维修人员技术水平,维修人员忙闲状态,可以将派工分为单项派工、合派、分派等。维修过程出现的问题又可以将派工分为取消单项停工、单项继续维修、单项完工、单项强制完工、单项返工、全完工等内容。

情境描述:

车间负责人刘一民接到客户赵轩的维修单后,查看了该单中的维修项目,根据维修项目的难度以及维修人员状态,进行了项目派工,派工内容如表4-1所示。

项目派工内容表　　　　　　　　　　　　　　　表4-1

项目编码	项目名称	维 修 工	提成分配	说　明
0358	维护	王权	1	换人
000003	检查空调及皮带,换空调皮带、张紧轮	潘龙	1	合派,停工,继续维修
000002	经常性水温过高,换风扇耦合器	潘龙	1	合派,强制完工,返工
000006	全车检查	李靖、陈诚	0.6/0.4	单项完工
000008	换水箱	王权	1	

项目分派过程中,决定将维护项目更换维修工,孙政贺进行派工。
检查空调及皮带,换空调皮带、张紧轮,因为中午休息,暂时停工,休息后继续检查。
经常性水温过高,换风扇耦合器时被强制完工,尚未修好,后又单项返工。
全车检查完工后进行了单项完工。所有项目修好后,进行了全完工操作。

2 操作要求

(1)及时了解维修工的维修情况,对维修工工作进行合理分配。
(2)对于简单的维修项目,使用尽可能少的维修工进行修理。
(3)如需多人共同完成一个维修项目,需要对提成分配进行合理修改,提成分配之和要小于等于1。
(4)对于停工、单项强制完工或者返工的派工记录,提成分配为0。

3 操作步骤

1)第一步　单项派工及取消单项派工
在"汽修业务导航"界面,选中业务维修单,点击"车间管理",如图4-1所示。或者点击菜单栏"维修管理"下的"车间管理",如图4-2所示。

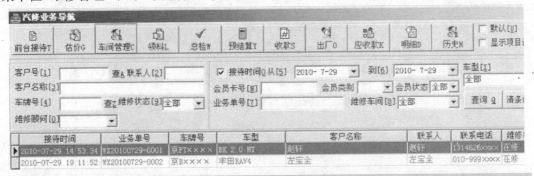

图4-1 进入车间管理方法一

此时,进入"车间管理"窗口是空白的,如图4-3所示,点击左上方的"打开"按钮,就会弹出"打开维修登记单"窗口,选择客户名称为"赵轩"的客户并双击,或点击"确定"按钮,如图4-4所示。

打开所需要进行车间派工的信息,如图4-5所示。

选上"维护"维修项目,点击右键,弹出窗口后,点击"单项派工",如图4-6所示。

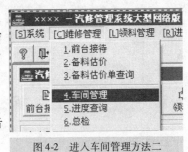

图4-2 进入车间管理方法二

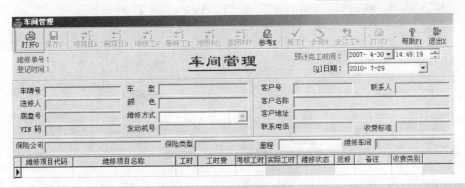

图4-3 空白的车间管理窗口

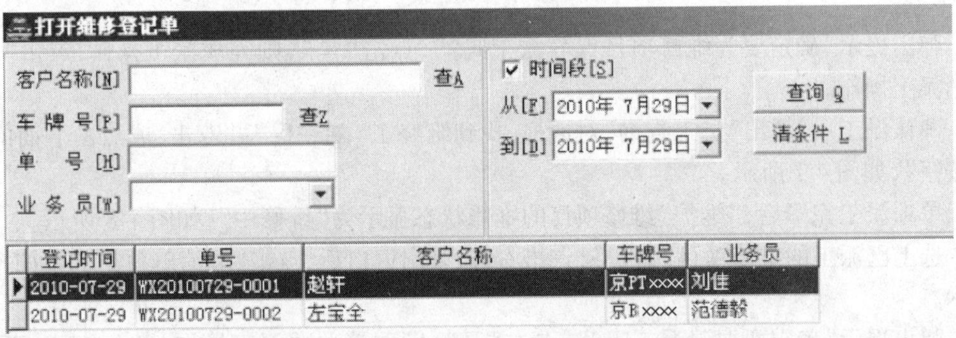

图4-4 打开维修登记单窗口

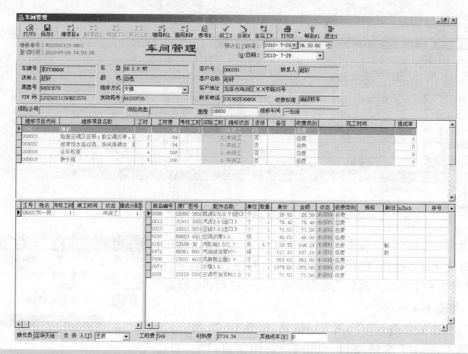

图4-5 车间管理

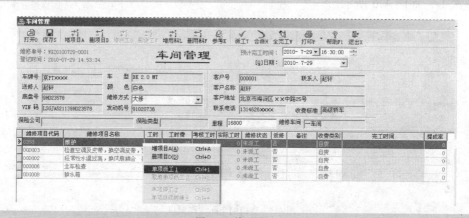

图4-6 单项派工

弹出提示"确定要为维修项目保养派工吗?",点击"是",则完成派工操作,点击"否",取消派工操作。

确认派工后,弹出"员工查询"对话框,找到维修工"刘一民"并双击,或点击下面的"确定按钮",如图4-7所示。

单项派工完毕后,"维护"维修项目的维修状态显示为"维修中",如图4-8所示。

选上已派工的维修项目"维护",点击右键,弹出窗口后,点击"取消单项派工",如图4-9所示。

弹出提示"确定要取消派工吗?",点击"是",则取消单项派工操作,点击"否",不取消单项派工操作。

学习任务4　系统维修派工

图4-7　员工查询

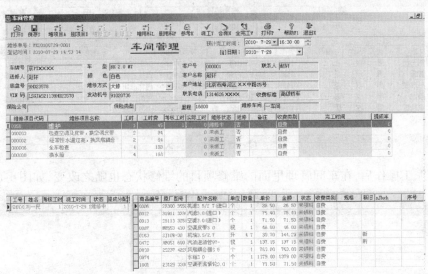

图4-8　单项派工完毕后显示状态

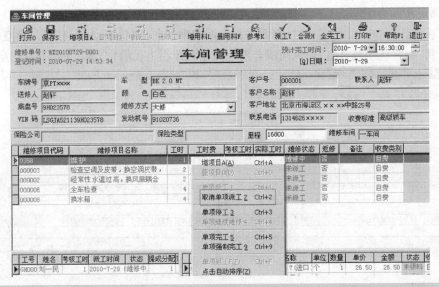

图4-9　取消单项派工

取消单项派工完毕后,"维护"维修项目的维修状态显示为"未派工",如图4-10所示。

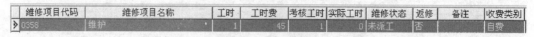

图4-10 取消单项派工完毕后显示状态

2)第二步 派工人员查询及维修工在修项目查询

点击菜单"参考"下的"维修工状态参考",弹出"员工查询"对话框,可以在维修状态里面进行选择"全部""忙""闲",来查询维修人员的状态,如图4-11所示。

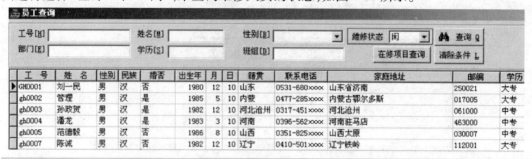

图4-11 查询维修人员状态

进行派工操作后,在车间管理里面的维修项目的维修状态也随之改变,如图4-12所示。

维修项目代码	维修项目名称	工时	工时费	考核工时	实际工时	维修状态	返修	备注	收费类别
0358	维护	1	45	1	0	维修中	否		自费
000003	检查空调及皮带,换空调皮带	2	84		0	维修中	否		自费
000002	经常性水温过高,换风扇耦合	2	84		0	维修中	否		自费
000006	全车检查	4	168		0	维修中	否		自费
000008	换水箱	4	168		0	维修中	否		自费

图4-12 在修维修项目

3)第三步 合派

按住键盘上面的"Ctrl"键,选择需要进行合派的维修项目"检查空调及皮带,换空调皮带、张紧轮"和"经常性水温过高,换风扇耦合器",点击菜单栏上面的"合派",如图4-13所示。

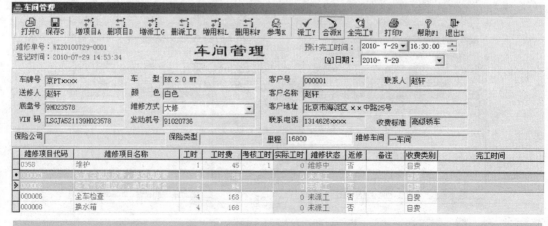

图4-13 合派工

弹出提示"合派时原有的单项派工记录将被新的派工记录覆盖！确定要进行合派吗？"后，点击"是"，则完成派工操作，点击"否"，取消派工操作。

确认派工后，弹出"员工查询"对话框，找到维修工"潘龙"并双击，或点击下面的"确定按钮"，如图4-14 所示。

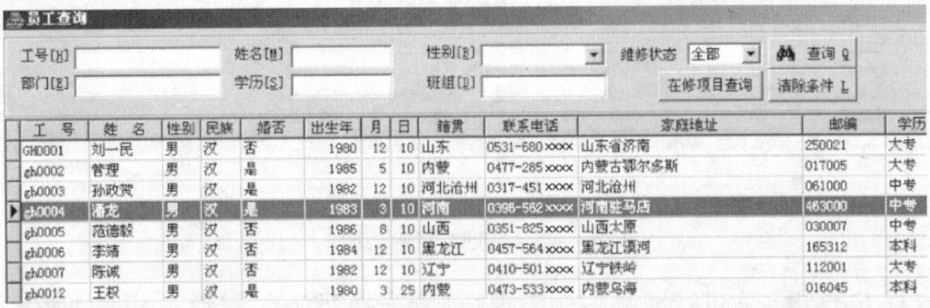

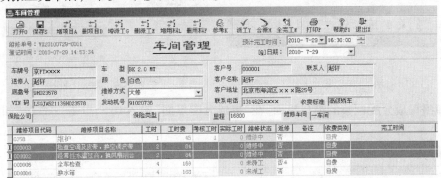

图4-14 员工查询

单项派工完毕后，"维护"维修项目的维修状态显示为"维修中"，如图4-15 所示。

图4-15 合派工后显示

4）第四步 分派并修改提成分配

选择需进行分派的维修项目"全车检查"，然后在左下边点击右键，弹出窗口后，点击"增派工"，如图4-16 所示。

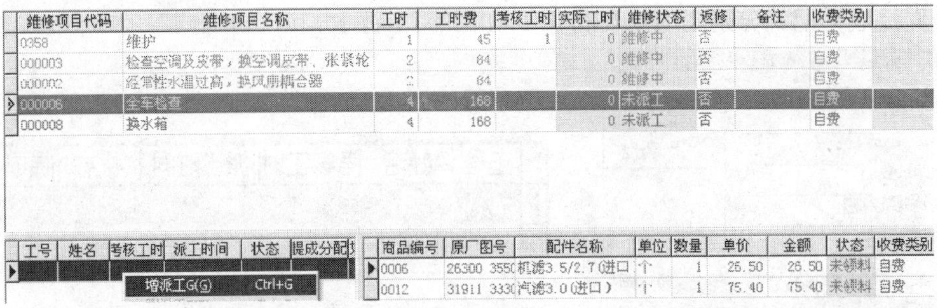

图4-16 增派工

弹出“员工查询”后，选中维修工李靖，双击或点击下面的“确定”按钮，如图4-17所示。

工号	姓名	性别	民族	婚否	出生年	月	日	籍贯	联系电话	家庭地址	邮编	学历
GH0001	刘一民	男	汉	否	1980	12	10	山东	0531-680××××	山东省济南	250021	大专
gh0002	管理	男	汉	是	1985	5	10	内蒙	0477-285××××	内蒙古鄂尔多斯	017005	大专
gh0003	孙政贺	男	汉	是	1982	12	10	河北沧州	0317-451××××	河北沧州	061000	中专
gh0004	潘龙	男	汉	是	1983	3	10	河南	0396-562××××	河南驻马店	463000	中专
gh0005	范德毅	男	汉	否	1986	8	10	山西	0351-825××××	山西太原	030007	中专
gh0006	李靖	男	汉	否	1984	12	10	黑龙江	0457-564××××	黑龙江漠河	165312	本科
gh0007	陈诚	男	汉	否	1982	12	10	辽宁	0410-501××××	辽宁铁岭	112001	大专
gh0012	王权	男	汉	是	1980	3	25	内蒙	0473-533××××	内蒙乌海	016045	本科

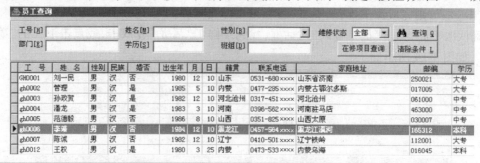

图4-17　员工查询——选中维修工

按照这样方式，再一次进行增派工操作，维修人员选择“陈诚”，选择完毕后，如图4-18所示。

选择“李靖”，点击右键，弹出窗口后，点击“调整”，如图4-19所示。

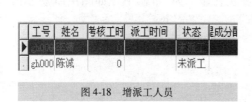

图4-18　增派工人员

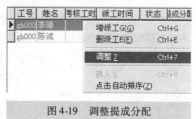

图4-19　调整提成分配

在弹出提成分配调整的窗口里面，在“提成分配里面”输入0.6，点击“确定”，如图4-20所示。

同样，选择“陈诚”，点击右键，弹出窗口后，点击“调整”，如图4-21所示。

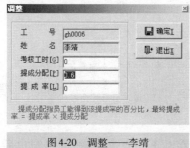

图4-20　调整——李靖

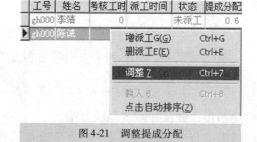

图4-21　调整提成分配

在弹出提成分配调整的窗口里面，在“提成分配里面”输入0.4，点击“确定”，如图4-22所示。此时他们提成分配就分别变为0.6和0.4，如图4-23所示。

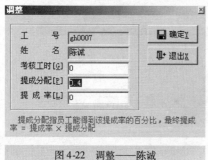

图4-22　调整——陈诚

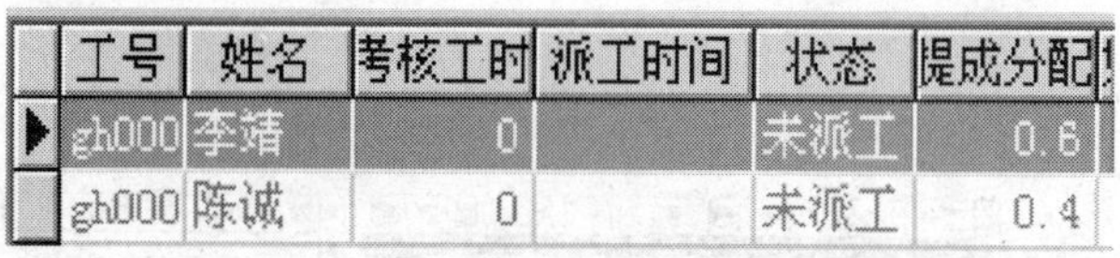

图4-23　调整后的提成分配显示

待调整完毕后,点击菜单栏的"派工",如图4-24所示。

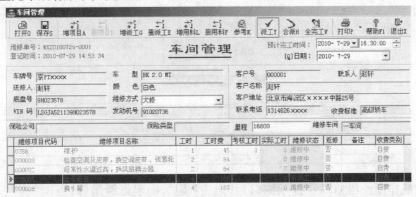

图4-24 派工

弹出派工提示"确定要派工吗?"后,点击"是"即可完成。

5)第五步 单项停工、单项继续维修、单项强制完工

选中需要单项停工的维修项目"检查空调及皮带,换空调皮带、张紧轮",点击右键,弹出窗口后,点击"单项停工",如图4-25所示。

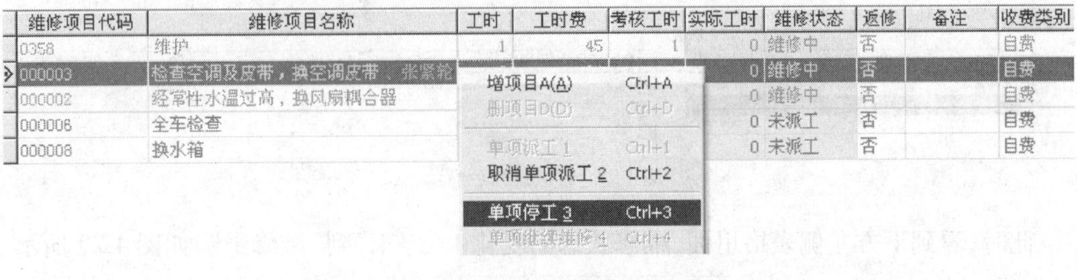

图4-25 单项停工

弹出"确定要停工吗?"提示窗口后,点击"是",确定停工,点击"否",不停工。停工后,维修项目状态显示如图4-26所示。

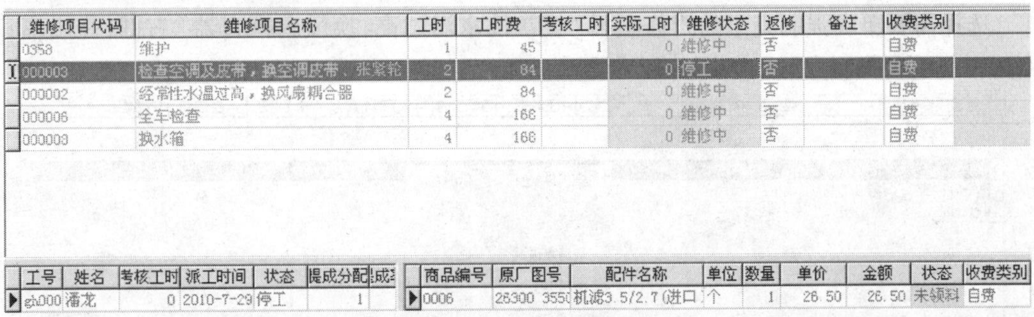

图4-26 单项停工后显示

选中已停工的维修项目"检查空调及皮带,换空调皮带、张紧轮",点击右键,在快捷菜单中点击"单项继续维修",如图4-27所示。

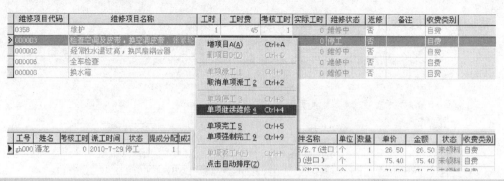

图 4-27　单项继续维修

弹出"确定继续维修吗?"提示窗口后,点击"是",确定继续维修,点击"否",不再继续维修。继续维修后,维修项目显示如图 4-28 所示。

图 4-28　继续维修后显示

此时,看到下方左侧表格里面,维修状态的变化由"停工"到"维修中",如图 4-29 所示。

图 4-29　由停工到继续维修

选择需要单项强制完工的维修项目"经常性水温过高,换风扇耦合器"右键,弹出窗口后,点击"单项强制完工",如图 4-30 所示。

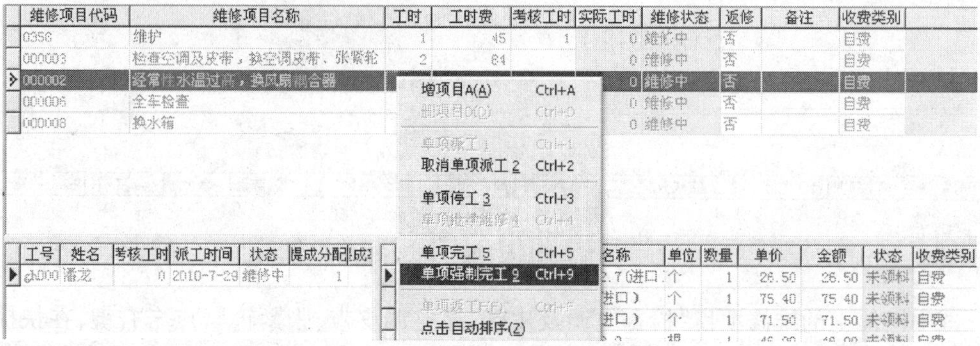

图 4-30　单项强制完工

弹出"确定要强制完工吗?"提示框后,点击"是",确定强制完工,点击"否",不进行强制完工。强制完工后,维修项目状态如图4-31所示。

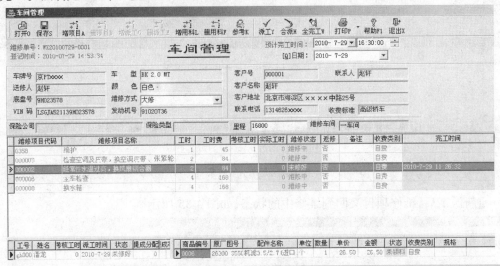

图4-31　强制完工显示

6)第六步　单项返工

选择进行强制完工的项目"经常性水温过高,换风扇耦合器",点击右键,在快捷菜单中点击"单项返工",进行返工操作,如图4-32所示。

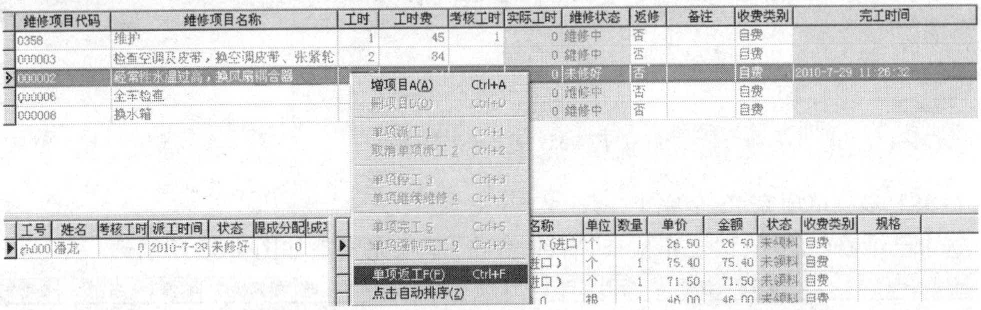

图4-32　单项返工

弹出"确定要返工吗?提示框后,点击"是",确认进行返工,点击"否",不进行返工操作。确认返工后,维修项目状态如图4-33所示。

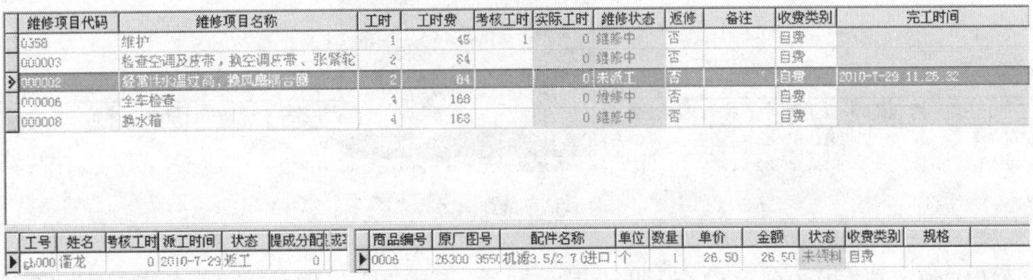

图4-33　返工后显示

重新给该维修项目进行单项派工(请参照单项派工操作)。派工完毕后,维修状态如图4-34 所示,此时,界面下方左侧表格记录了该项目由返工到重新派工的操作。

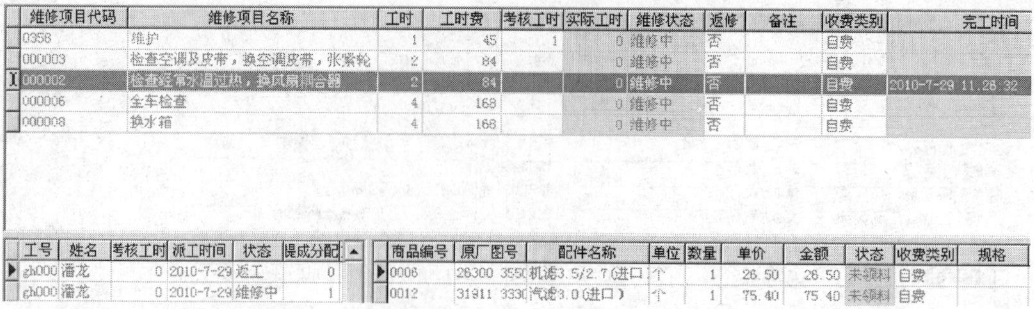

图 4-34 返工后重新派工

重新派工后,维修项目又回到维修中的状态,如图4-35所示。

图 4-35 重新派工后显示

7) 第七步 单项完工、全完工

选中已维修好的项目"全车检查"右键,点击"单项完工",如图4-36所示。

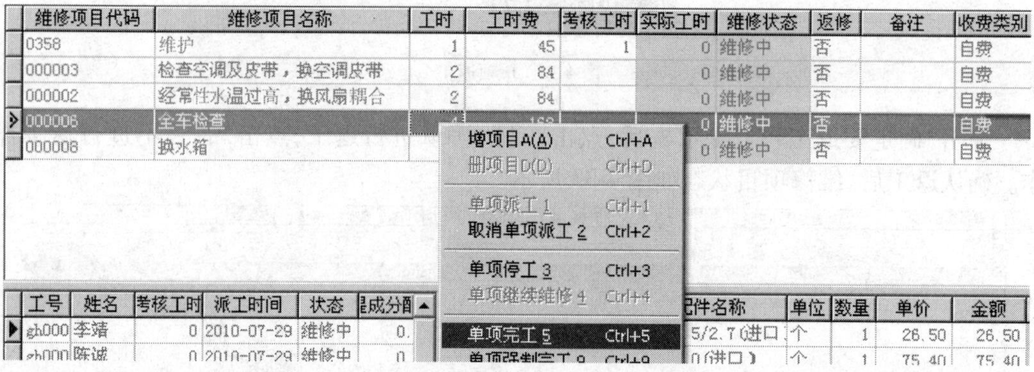

图 4-36 单项完工

弹出"确定要完工(全车检查)吗?"提示框后,点击"是",确认完工,点击"否",不进行完工操作。此时,"全车检查"维修项目的状态变为"已修好"。

当所有项目都已修理完毕后,点击菜单栏的"全完工"按钮,如图4-37所示。

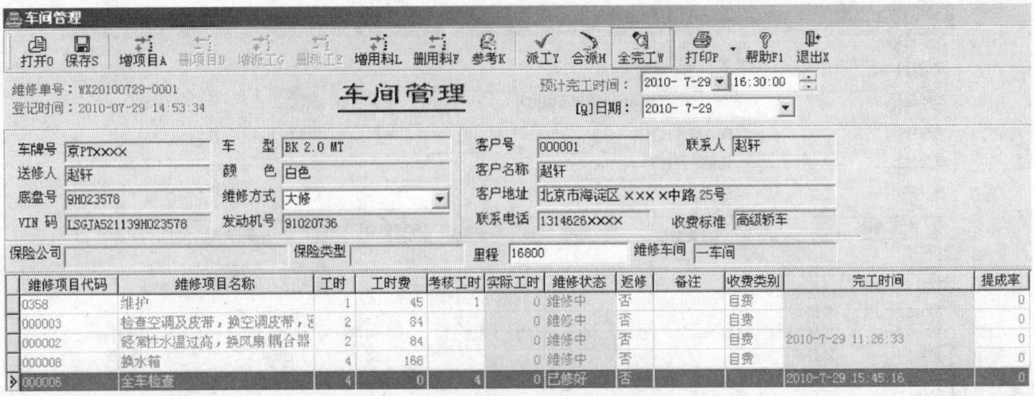

图4-37 全完工

弹出"确定要完工吗?"提示框后,点击"是",确认全完工,点击"否",不进行全完工操作。此时,全部维修项目都变为"已修好"状态,如图4-38所示。

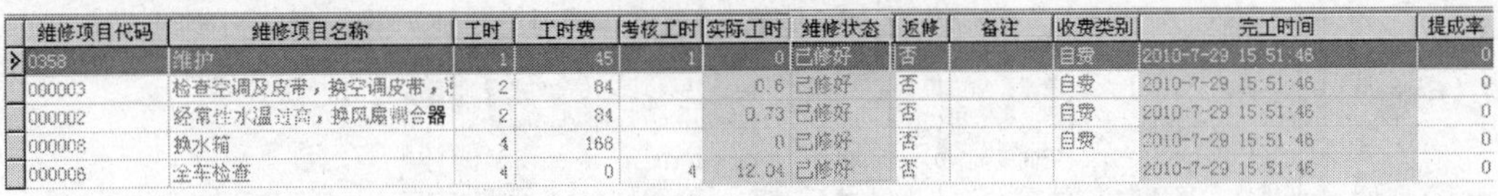

图4-38 全完工后显示

项目2 维修领料单

1 项目说明

车辆修理时,会用到一些零配件、漆辅料等,维修工会到库房申请领用,此时库房会对维修工领用的内容进行登记录入,同时更新库存情况。登记的维修领料单由维修工、库房以及财务各自留存,以备查询统计使用。

2 操作要求

(1)添加配件时要填写数量、单价及金额,填写内容仅限于数字及小数点。
(2)"暂不领料"是从维修领料单中删除,并不从维修单中删除。
(3)"作废用料"是从维修单中删除。
(4)维修领料单必须填写领料人及库管员。
(5)出库时,仓库名称是必须指定的,否则无法正常更新库存。

3 操作步骤

1)第一步 新建维修领料单并填写

在车间管理里面,点击菜单栏的"增用料",进入"配件查询"窗口,如图4-39所示。
选择需要添加的配件"砂纸",双击或点击"选中添加到单据",即可添加成功,如图4-40

所示。

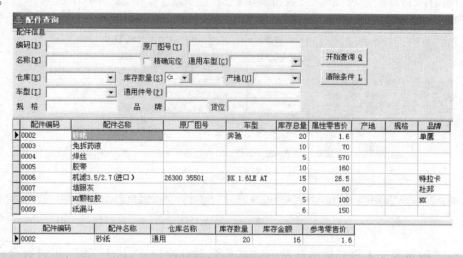

图 4-39　配件查询

商品编号	原厂图号	配件名称	单位	数量	单价	金额	状态	收费类别	规格	新旧
0006	26300 3550	机滤3.5/2.7(进口)	个	1	26.50	26.50	未领料	自费		
0012	31911 3330	汽滤3.0(进口)	个	1	75.40	75.40	未领料	自费		
0013	28113 3251	空滤3.0(进口)	个	1	71.50	71.50	未领料	自费		
0087	MB553 430	空调皮带3.0	根	1	46.00	46.00	未领料	自费		
0163	SJ10W-30	机油3.5/2.7	升	4.7	30.70	144.29	未领料	自费		新
0472	HB051 600	汽油进油管97-	根	1	137.15	137.15	未领料	自费		新
0838	25237 4220	风扇耦合器3.5	个	1	763.00	763.00	未领料	自费		
0974		水箱3.0	个	1	1379.00	1379.00	未领料	自费		
1001	23129 3300	空调泵张紧轮3.0	个	1	71.50	71.50	未领料	自费		
		砂纸	张	2	1.60	3.20	未领料			

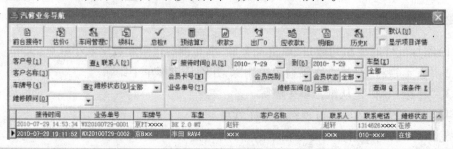

图 4-40　新增加的配件信息

2)第二步　保存并打开维修领料单

新增配件添加完毕后,点击菜单栏的“保存”,弹出“保存成功”提示后,点击“确定”即可。保存成功后,点击菜单栏“领料管理”下的“维修领料单”,或点击“汽修业务导航”上的“领料”按钮(图 4-41),弹出空白“维修领料单”,如图 4-42 所示。

图 4-41　打开维修领料单路径

点击左上角“打开”(图 4-42),弹出“打开维修登记单”窗口,如图 4-43 所示。

在维修登记单里面,选择客户赵轩并双击,或点击下面的“确定”按钮,即可打开需要领料的配件信息,如图 4-44 所示。

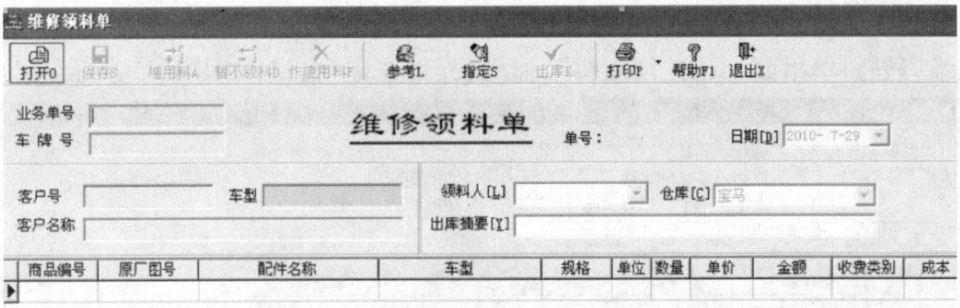

学习任务 4　系统维修派工

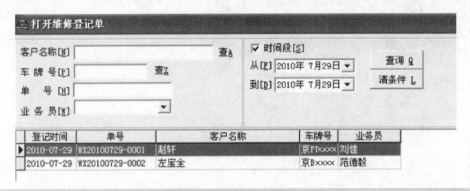

图 4-42　空白维修领料单

图 4-43　打开维修登记单窗口

图 4-44　维修领料单

3）第三步　增用料、暂不领料和作废用料

在维修领料单里面，点击"增用料"，弹出"配件查询"窗口，如图4-45所示。

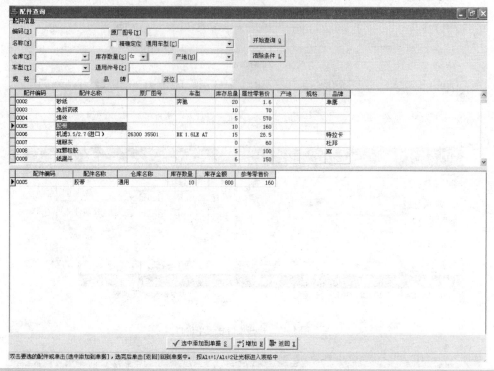

图4-45　配件查询

选择需要增加的配件"胶带"，双击或点击下面的"选中添加到单据"，即可添加到领料单里面，填写用料数量，如图4-46所示。

图4-46　维修领料单增用料信息

根据领料员的需要，选上"空调皮带3.0"，点击菜单栏的"暂不领料"，弹出"真的要删除吗？"提示框，点击"是"，暂不领料，点击"否"，取消当前操作。

用同样办法，对配件"机油3.5/2.7""汽油进油管97-""风扇耦合器3.5""水箱3.0"

"空调泵张紧轮3.0",进行暂不领料。

根据领料员的需要,选上"砂纸",点击菜单栏的"作废用料",弹出"真的要删除吗?"提示框,点击"是",作废用料,点击"否",取消当前操作。同样,作废配件"胶带"信息。

4)第四步 参考、指定及出库

在维修领料单上,领料人选择"孙政贺",仓库选择"通用",选择库管员"张政",如图4-47所示。

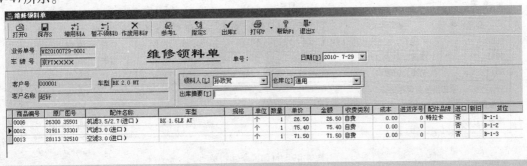

图4-47 维修领料单

选择维修领料单上的"机滤3.5/2.7(进口)",点击菜单栏上的"参考",弹出"价格参考"窗口,在该窗口可以查询到该配件的一些相关信息,如图4-48所示。

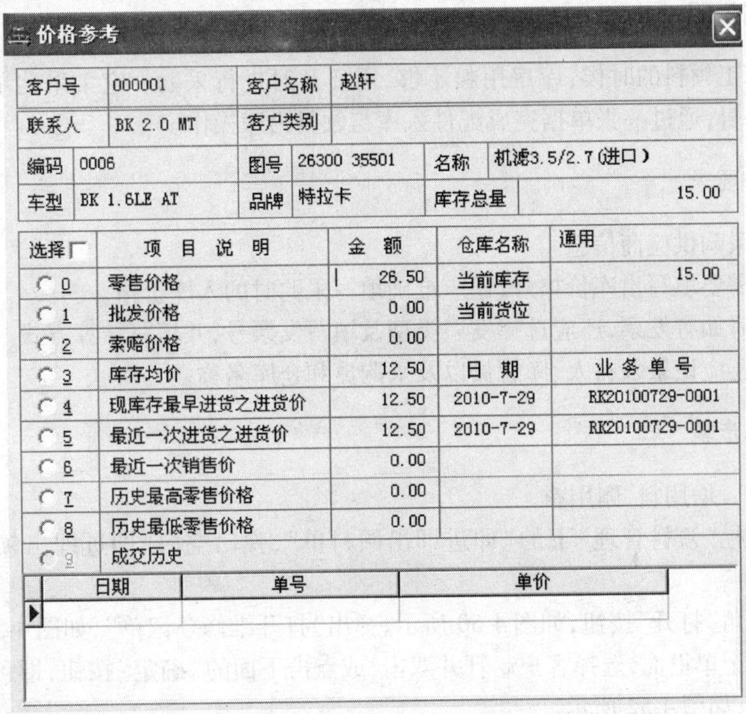

图4-48 价格参考窗口

填写完毕后,点击菜单栏"出库",即可完成领料操作。点击菜单栏的"打印"按钮,即可打印领料出库单,如图4-49所示。

汽车维修服务企业管理软件使用

北京×××科技有限公司						
地点: 北京市海淀区××××中路25号中关村××××A座			邮编:	100192		
电话: 010-6293×××× 6293×××× 629××××			传真:	010-8271××××		
网址: www.××××.com			邮箱:	×××x@163.com		

维修领料单

维修单号: WX20100729-0001						领料日期: 2010-7-29
领料单号: LL20100729-0002		仓 库: 通用				第1页 共1页
车 牌 号: 京PT××××		客户名称: 赵轩		领料人: 孙政贺		

商品编号	配件名称	车型	单位	数量	单价	金额	收费类别	成本
0006	机滤3.5/2.7(进口)	BK 1.6LE AT	个	1	26.50	26.50	自费	12.50
0012	汽滤3.0(进口)		个	1	75.40	75.40	自费	55.00
0013	空滤3.0(进口)		个	1	71.50	71.50	自费	35.00
合计: 壹佰柒拾叁元肆角整						￥173.40		102.5
出库摘要:								
库管员: 张政				操作员: ××××			打印日期: 2010-7-29	

图4-49 打印维修领料单

项目3 即进即出领料单

❶ 项目说明

如果维修工领料的时候,库房用料不够,需要及时进行采购。它集采购单和领料单的两种功能于一身,通过一张单据完成配件入库与领料出库操作。

❷ 操作要求

(1)填写采购供应商信息。
(2)除了需要填写出库价格外,还应准确填写采购时的入库价格。
(3)采购时如有发票,还应选择发票类型及填写发票号,并填写结算方式。
(4)单据还应记录领料人、库管员以及采购员和仓库名称。

❸ 操作步骤

1)第一步 增用料、删用料

点击菜单栏"领料管理"下的"即进即出领料单",弹出空白"即进即出领料单",如图4-50所示。

点击左上角"打开"按钮,如图4-50所示,弹出"打开维修登记单",如图4-51所示。

在维修登记单里面,选择客户赵轩并双击,或点击下面的"确定"按钮,即可打开需要领料的配件信息,如图4-52所示。

在维修领料单里面,点击"增用料",弹出"配件查询"窗口,如图4-53所示。

选择需要增加的配件"胶带",双击或点击下面的"选中添加到单据"按钮,即可添加到领料单里面,在数量一栏填上1,如图4-54所示。

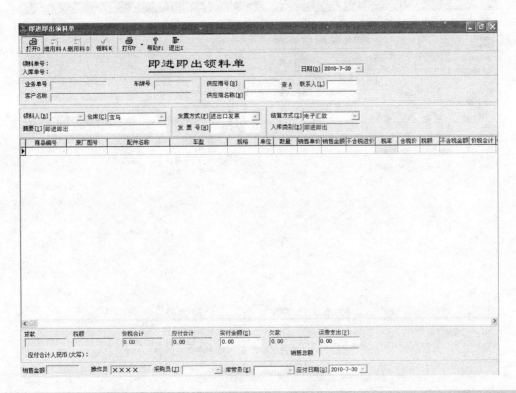

图 4-50　空白即进即出领料单

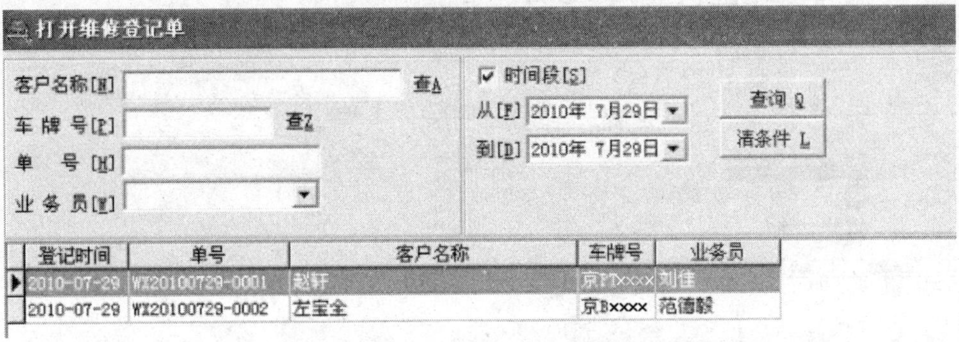

图 4-51　打开维修登记单窗口

由于维修人员只领用"水箱",所以必须删除多余的配件信息,选上"空调皮带 3.0",点击菜单栏的"删用料",弹出提示"真的要删除吗?",点击"是",删除领料,点击"否",取消当前操作。同样,按照此方法,删除除"水箱"外的其他配件信息。

2)第二步　填写供应商及采购信息

点击"即进即出领料单"上的供应商号后面的"查A",如图 4-55 所示。

在弹出的"供应商查询"窗口,选上"北京××汽配专营部"双击或点击下面的"确定"按钮,如图 4-56 所示。

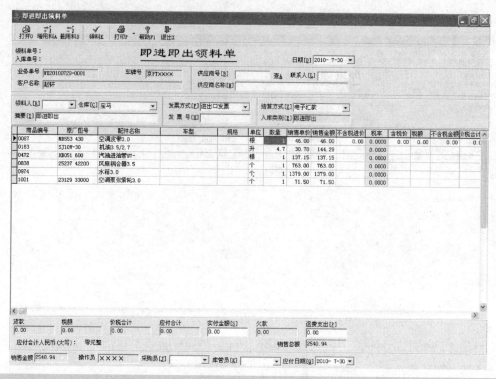

图 4-52 即进即出领料单

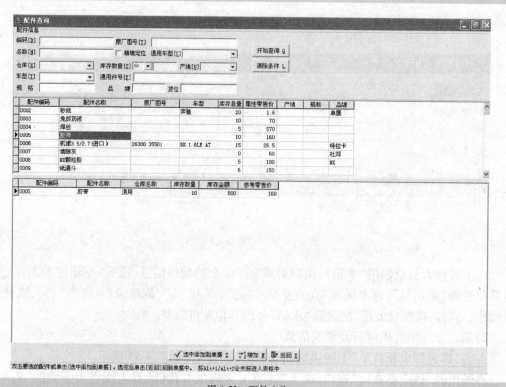

图 4-53 配件查询

图 4-54　维修领料单增用料信息

图 4-55　选择供应商途径

图 4-56　供应商查询窗口

选择供应商后，继续填写发票方式、结算方式、不含税进价等采购信息，如图 4-57 所示。

3）第三步　填写出库信息并出库

在"即进即出领料单"，填写上"领料人""仓库""库管员"等必要出库信息，点击菜单栏的"领料"即可，如图 4-58 所示。

领料完毕后，点击菜单栏的"打印"按钮，进行"即进即出领料单"打印操作，如图 4-59 所示。

91

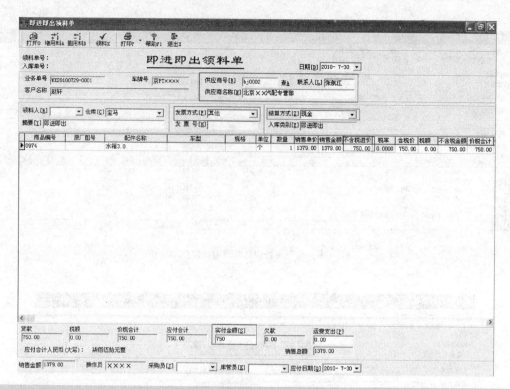

图 4-57　即进即出领料单采购信息

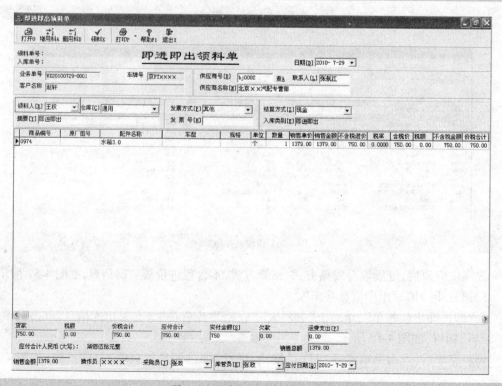

图 4-58　即进即出领料单出库信息

```
              北京×××科技有限公司
地点:   北京市海淀区××××中路25号中关村××××A座   邮编:   100192
电话:   010-629××××  6293××××  629××××        传真:   010-8271××××
网址:   www.××××.com                          邮箱:   ××××@163.com
                    即进即出领料单
入库单号:  RK20100730-0001   供应商号:  bj0002    供应商名称:  北京××汽配专营部
领料单号:  LL20100730-0001   仓  库:  通用        领料日期:   2010-7-29
业务单号:  WX20100729-0001   车  牌:  京PT×××    客户名称:   赵轩
                                                              第1页/共1页
商品编号    配件名称    车型   单位  数量  销售单价  销售金额  含税进价  含税金额  收费类别
0974       水箱3.0             个    1    1379.00  1379.00   750.00   750.00   自费
应付合计:  ¥750.00    柒佰伍                          运费支出:   0
实付金额:  750       欠款:  0    发票方式:  其他     销售总额:   1379
摘  要:   即进即出
采购员:   张政      库管员: 张政    操作员: ××××      打印日期: 2010-7-30
```

图 4-59 即进即出领料单打印

项目 4 退料入库单

1 项目说明

维修用料领用后，可能因为没有用或者没有用完而退回库房，此时就需要库管员为退回的用料办理入库手续。退料入库单可以通过领料单进行退料，也可以通过调用车间申请退料的内容进行退料。

2 操作要求

(1) 退料入库的用料数量不能大于领料数量。
(2) 根据公司管理要求，决定是通过车间提交申请，还是通过提交领料单，参考领料单中的用料进行退料。
(3) 退料时要注明退料人及退料摘要。

3 操作步骤

1) 第一步 车间申请退料
在车间管理界面右下方可以查看到领料情况，如图 4-60 所示。
选中"汽机油 3.5/2.7"右键，点击"退料"，如图 4-61 所示。
弹出"退料"窗口后，在"可退数量"输入"需要退料数量 0.3"，如图 4-62 所示。
点击"确定"，确认退料数量，点击"退出"，取消当前操作。点击"确认"，在维修用料列表中就会显示出"需退料"信息，如图 4-63 所示。
然后，点击车间管理菜单栏上的"保存"，弹出"确定要继续领料或退料吗?"后，点击

"是",确认保存,点击"否",取消操作。弹出"保存成功"提示框后,点击"确定"即可完成退料。

商品编号	原厂图号	配件名称	单位	数量	单价	金额	状态	收费类别	规格	新旧
0006	26300 3550	机滤3.5/2.7(进口	个	1	26.50	26.50	已领料	自费		
0012	31911 3330	汽滤3.0(进口)	个	1	75.40	75.40	已领料	自费		
0013	28113 3251	空滤3.0(进口)	个	1	71.50	71.50	已领料	自费		
0087	MB553 430	空调皮带3.0	根	1	46.00	46.00	已领料	自费		
0163	SJ10W-30	汽机油3.5/2.7	升	5	30.70	153.50	已领料	自费		新
0472	HB051 600	油进油管97-	根	1	137.15	137.15	已领料	自费		新
0838	25237 4220	风扇耦合器3.5	个	1	763.00	763.00	已领料	自费		
0974		水箱3.0	个	1	1379.00	1379.00	已领料	自费		
1001	23129 3300	空调泵张紧轮3.0	个	1	71.50	71.50	已领料	自费		

图 4-60　领料情况列表

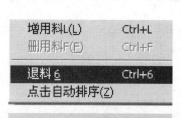

图 4-61　退料窗口路径

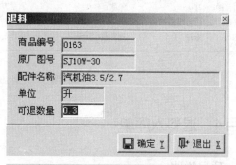

图 4-62　退料窗口

商品编号	原厂图号	配件名称	单位	数量	单价	金额	状态	收费类别	规格	新旧
0006	26300 3550	机滤3.5/2.7(进口	个	1	26.50	26.50	已领料	自费		
0012	31911 3330	汽滤3.0(进口)	个	1	75.40	75.40	已领料	自费		
0013	28113 3251	空滤3.0(进口)	个	1	71.50	71.50	已领料	自费		
0087	MB553 430	空调皮带3.0	根	1	46.00	46.00	已领料	自费		
0163	SJ10W-30	机油3.5/2.7	升	5	30.70	153.50	已领料	自费		新
0472	HB051 600	汽油进油管97-	根	1	137.15	137.15	已领料	自费		新
0838	25237 4220	风扇耦合器3.5	个	1	763.00	763.00	已领料	自费		
0974		水箱3.0	个	1	1379.00	1379.00	已领料	自费		
1001	23129 3300	空调泵张紧轮3.0	个	1	71.50	71.50	已领料	自费		
0163	SJ10W-30	机油3.5/2.7	升	0.3	30.70	9.21	需退料	自费		新

图 4-63　需退料列表

2)第二步　库房调用车间退料并退料入库

点击菜单栏上的"领料管理"下的"退料入库单",弹出空白"退料入库单",如图 4-64 所示。

点击空白"退料入库单"(图 4-64)左上方的"打开"按钮,弹出"打开维修登记单",选中客户赵轩并双击,或点击下方的"确定"按钮,如图 4-65 所示。

调出需退料的配件信息后,在退料入库单里面填上必要信息"退料人"、"库管员"、"摘要"等信息后,点击菜单栏的"入库",如图 4-66 所示。

退料成功后,点击菜单的"打印"按钮,即可打印退料入库单,如图 4-67 所示。

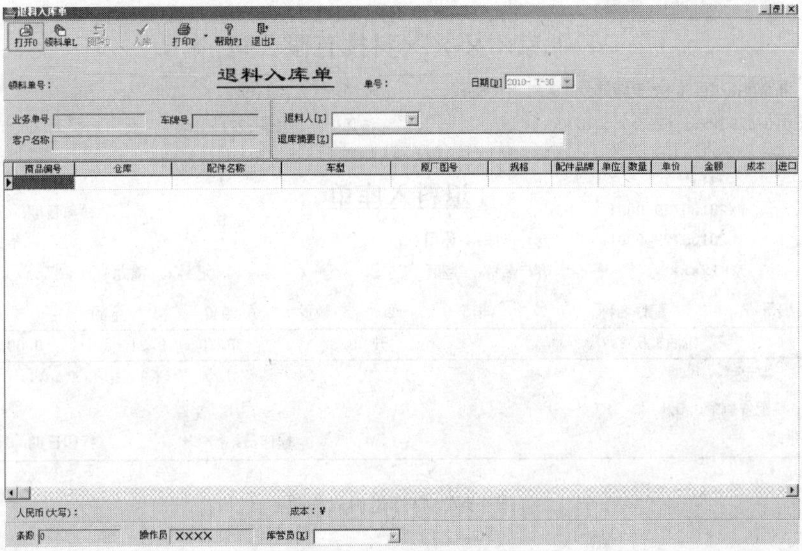

图 4-64　空白退料入库单

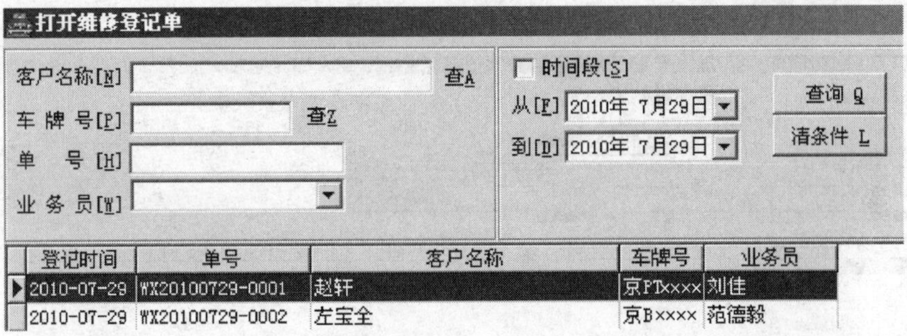

图 4-65　打开维修登记单

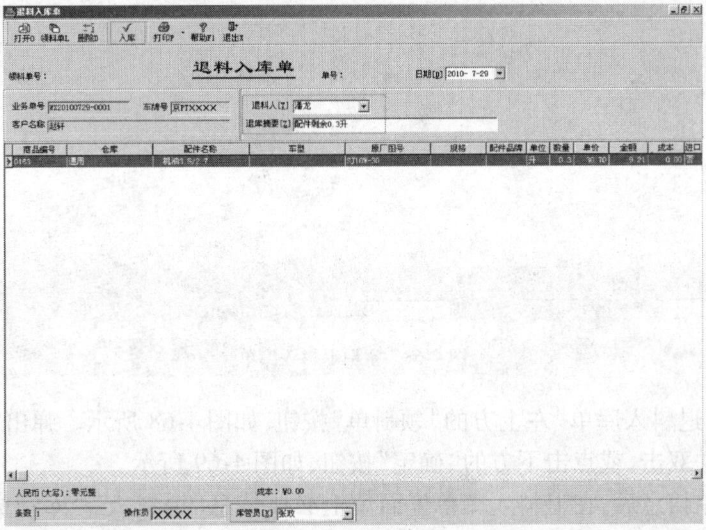

图 4-66　填写退料入库单

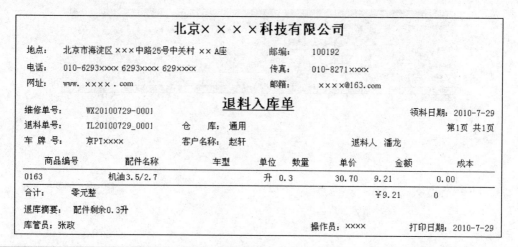

图4-67 打印退料入库单

3)第三步 库房调用领料单并进行退料入库

点击菜单栏上的"领料管理"下的"退料入库单",弹出空白"退料入库单",如图4-68所示。

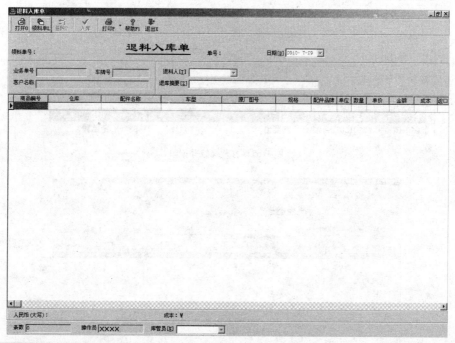

图4-68 空白退料入库单

点击空白"退料入库单"左上方的"领料单"按钮,如图4-68所示。弹出"打开领料单",选中客户赵轩并双击,或点击下方的"确定"按钮,如图4-69所示。

调出领料单信息后,在退料入库单里面填上必要信息"退料人""库管员""摘要"等信息,如图4-70所示。

图 4-69 打开领料单

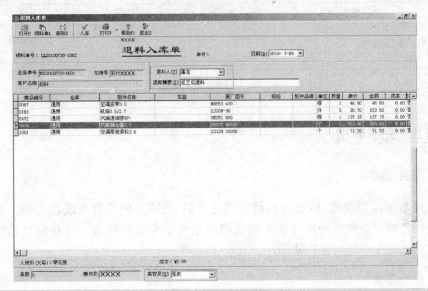

图 4-70 填写退料入库单

在退料入库单上面,删除不需要退料的配件的信息,选上"空调皮带 3.0",右键点击该配件,弹出快捷菜单,选择"删除",或直接点击菜单栏的"删除"按钮。弹出"真的要删除吗?"提示框后,点击"是",删除不需要退料信息,点击"否",取消当前操作。

或者选上"风扇耦合器 3.5"右键,弹出窗口后,点击"删除未选项"。弹出"真的要删除吗?"提示框后,点击"是",删除不需要退料信息,点击"否",取消当前操作。

删除不需要退料信息后,点击菜单栏的"入库"即可,如图 4-71 所示。

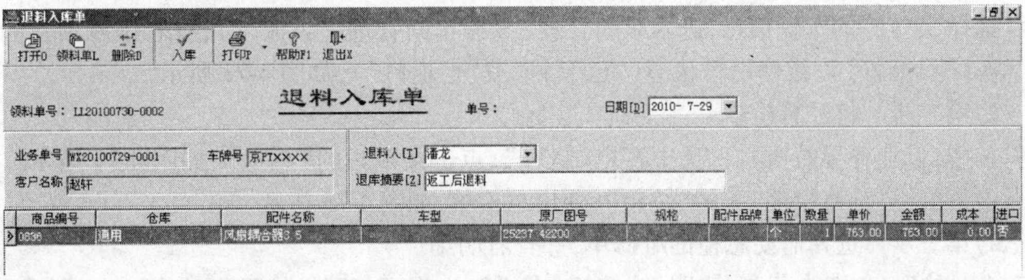

图 4-71 退料入库单

退料成功后,点击菜单的"打印"按钮,即可打印退料入库单,如图4-72所示。

```
                    北京×××科技有限公司
   地点：  北京市海淀区××××中路25号中关村××××A座   邮编： 100192
   电话：  010-6293×××× 6293×××× 629××××        传真： 010-8271××××
   网址：  www.××××.com                          邮箱： ××××@163.com

                         退料入库单
   维修单号： WX20100729-0001                              领料日期： 2010-7-29
   退料单号： TL20100729-0002      仓  库： 通用              第1页 共1页
   车 牌 号： 京PT××××            客户名称： 赵轩           退料人  潘龙

   商品编号        配件名称        车型   单位  数量    单价       金额      成本
   0838          风扇耦合器3.5          个    1    763.00    763.00    0.00
   合计：  零元整                                        ￥763.00    0
   退库摘要： 返工后退料
   库管员： 张政                            操作员： ××××      打印日期： 2010-7-29
```

图4-72 打印退料入库单

项目5 完工总检

1 项目说明

当维修车辆需要修理、检查的项目全部完工后,需要车间负责人或者总检人对车辆维修结果进行总检。总检过程是保证车辆维修质量的一个重要环节。只有经过总检的车辆才能算作正式完工并交付客户使用。

2 操作要求

(1)总检时,所有项目均要完工,不能完工的需强制完工。
(2)总检时,所有用料均应领回,不用的用料需退回库房。
(3)只有"在修"状态的维修单可以进行总检。
(4)总检人作为总检环节的重要角色,不能缺少,在总检过程中,必须填写总检人。

3 操作步骤

1)第一步　确认维修项目已经全完工,所有用料均已领回
选择"赵轩"的车辆信息,进入车间管理(参考车间管理项目派工),查看维修项目的维修状态("已修好"),维修用料状态("已领料"或"已退料"),如图4-73所示。

2)第二步　打开总检单
在"汽修业务导航"窗口,选中客户"赵轩",点击菜单栏的"总检",如图4-74所示。或者点击菜单栏"维修管理"下的"总检",弹出总检单,如图4-75所示。

3)第三步　选择需要总检的维修单,并查看明细
在总检窗口,点击菜单上"明细"按钮(图4-76),即可打开维修明细,如图4-77所示。

学习任务4 系统维修派工

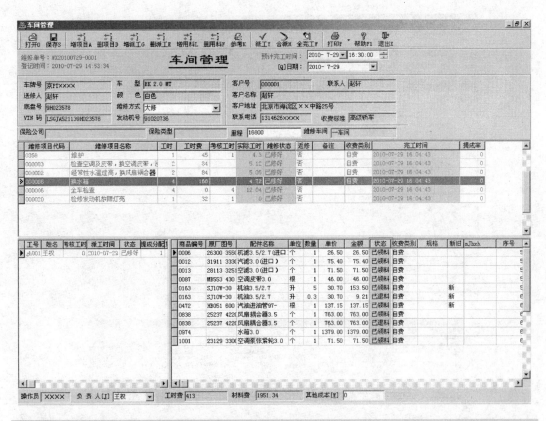

图4-73 查看维修项目和用料状态

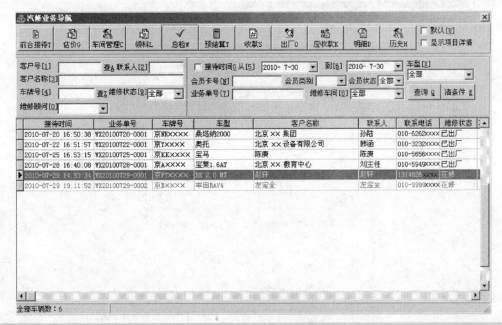

图4-74 打开车辆总检路径

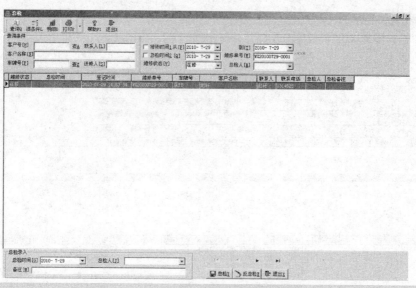

图4-75 总检单

图4-76 查看明细

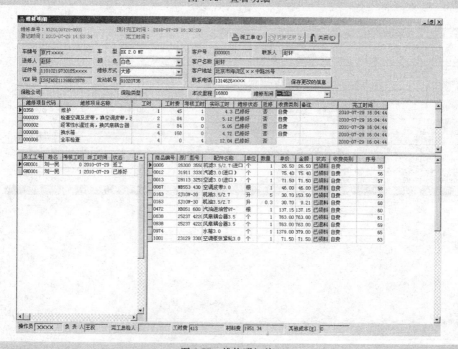

图4-77 维修明细单

4)第四步　总检操作

查看无误后,在总检单上选中客户"赵轩",填上"总检人",点击"总检",如图4-78所示。

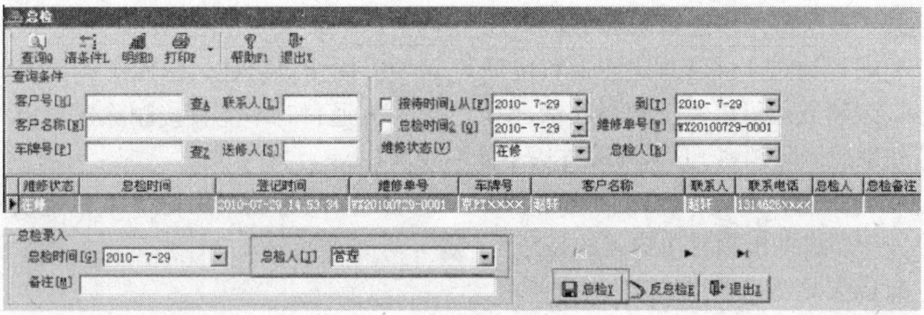

图4-78　车辆总检

弹出"确定要总检吗?"提示窗口,点击"是",确认总检,点击"否",取消当前操作。确认总检,弹出"总检完毕!"提示框后,点击"确定"即可。

三、学 习 评 价

1 理论考核

1)选择题

(1)下列哪项不属于车间派工处理?(　　)

　　A.双向派工　　　B.单项派工　　　C.合派　　　D.分派

(2)下列关于车间派工操作描述错误的是(　　)。

　　A.项目派工后,可以取消派工　　　　B.项目停工后,可以继续维修

　　C.项目强制完工后,可以继续维修　　D.项目强制完工后,可以返工

(3)关于提成分配描述正确的是(　　)。

　　A.所有项目的提成分配之和不能大于1

　　B.每个项目所有派工的提成分配之和不能大于1

　　C.每个项目每个派工的提成分配不能大于1

　　D.以上都不对

(4)维修中的维修项目,不能完成下列哪项操作?(　　)

　　A.取消单项派工　　B.单项停工　　C.单项完工　　D.单项继续维修

(5)下列描述中,哪项内容可以将多个项目同时派工?(　　)

　　A.派工、合派　　　　　　　　　　B.单项派工、派工

　　C.合派、分派　　　　　　　　　　D.派工、分派

(6)车间管理中,增用料描述错误的是(　　)。

A.车间管理中可以通过"增用料"添加用料

B.通过维修领料单中的"增用料"可以添加用料

C.通过即进即出领料单中的"增用料"可以添加用料

D.通过入库单中的"增用料"可以添加用料

(7)关于退料操作描述错误的是(　　)。

　　A.可以通过车间管理进行退料申请　　B.库房可以通过出库单调用退料信息

　　C.退料数量可以大于领料数量　　D.退料时不能直接删除领料单

(8)如果想删除领料,下列哪种方法不能实现?(　　)

　　A.暂不领料　　　B.作废用料　　　C.车间管理删用料　　D.以上均不能

(9)关于即进即出领料单描述的是(　　)。

　　A.需要填写采购供应商

　　B.不需要填写采购配件进货单价

　　C.需要填写采购人

　　D.需填写领料人

(10)项目完工后需要进行哪项操作?(　　)

　　A.领料　　　　　B.退料　　　　　C.总检　　　　　D.结算

2)思考题

派工管理中都有哪几种派工方法,每种派工适用于什么情况?如何能更好地利用派工操作管理车间维修?

2 技能考核

1)项目1

根据任务三项目二的维修单对该维修单(表4-2)中的维修项目进行派工操作及管理。

项目1维修单　　　　　　　　　　　　　　　　　表4-2

编码	名称	派工方式	维修工
000001	维护,换机油、机油滤清器、空气滤清器	单项派工、全完工	刘一民
000020	检修发动机故障灯亮	合派、停工、继续维修	孙政贺
000018	检查发动机异响	合派、单项强制完工、返工	孙政贺
000017	检查行驶时速为90~100km时转向盘抖	合派、单项完工	孙政贺
000016	四轮定位	分派、全完工	陈诚、潘龙
0002	检查空调	分派、全完工	陈诚、潘龙
000006	全车检查	分派、全完工	陈诚、潘龙
0004	换前制动片	取消单项派工、删除项目	孙政贺

2)项目2

根据学习任务三项目二的维修单对表4-3所示维修单中的维修用料进行领料操作及管理。

项目2 维 修 单   表4-3

编码	名 称	领料数量	采购单价	领料方式	退 料
0163	机油3.5/2.7	5	23.6	维修领料单	车间申请0.3
0241	空气滤芯2.7/2.0	1	43.0	维修领料单	
0006	机油滤清器3.5/2.7(进口)	1	20.3	维修领料单	
0165	齿轮油2.5	2	188.5	维修领料单	领料单退1
0170	变速器油	1	136.9	即进即出领料单	
0325	前制动片	1	438.5	即进即出领料单	

即进即出供应商:北京××汽配部
领料人:孙政贺　　　　　　　　仓库:通用
发票方式:增值税发票　　　　　发票号:05123578
结算方式:挂账　　　　　　　　实付金额:0.00
采购员:张政　　　　　　　　　库管员:张政

系统维修派工操作项目评分表如表4-4所示。

系统维修派工操作项目评分表   表4-4

基本信息	姓名		学号		班级		组别	
	规定时间		完成时间		考核日期		总评成绩	
	序号	考核项目		标准分(总分100)		考核标准		评分
任务工单	1	考核准备: 工具: 设备:		5				
	2	打开维修车间管理		5		未正确添加扣5分		
	3	按派工要求进行派工		25		每派工错一项扣5分,未按要求派工扣3分		
	4	按要求进行维修领料操作		20		每领错一项扣4分		
	5	即进即出领料单操作		15		每领错一项扣3分,未按要求领料扣3分,未正确填写信息每错一项扣2分		
	6	退料入库单操作		10		每退错一项扣5分		
	7	总检操作		5		未总检扣5分		
5S				5				
团队协作				5				
沟通表达				5				

学习任务5 系统维修结算

 工作情境描述

2010年7月29日下午16时,客户赵轩的车辆总检完工后,车间负责人刘一民通知维修顾问杨毅车辆已经修好,客户可以来结算提车了。杨毅在休息室找到赵轩后,通知他可以到前台进行结算提车。赵轩随杨毅来到前台,核对了维修项目和维修用料以及项目和用料的相应费用,赵轩确认无误后,拿着杨毅打印出来的结算单到收银台进行交费。收银员郑一秀根据结算单收费盖章。缴费完成后,杨毅将结算单的存根单收回,并为赵轩的车辆办理好出厂手续,陪同赵轩到维修车辆停放区提车,目送赵轩离开。

 学习目标

1.能运用汽车维修服务企业管理软件实现维修车辆的维修结算功能,包括项目工时费、维修材料费、管理费及税金的结算等;

2.能够根据客户的重要性程度或者会员级别,对维修费用进行相应的折扣。

 学习时间

6学时。

 学习引导

本学习任务沿着以下脉络进行学习:

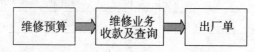

维修预算 → 维修业务收款及查询 → 出厂单

 设备器材

1.计算机一台。

2. 预结算单一张。
3. 签字笔一支。
4. 发票、收据若干。
5. 现金若干。
6. 收银章一枚。
7. 出厂单一张。

作业准备

1. 检查计算机、打印机、网络是否正常。　　　　　　　□ 任务完成
2. 检查汽车维修服务企业管理软件是否能正常运行。　　□ 任务完成
3. 了解维修车辆的相关信息及车辆配件使用信息。　　　□ 任务完成
4. 了解结算客户的往来账明细，掌握客户的未收账款信息。□ 任务完成
5. 检查车辆是否已经结算并收款。　　　　　　　　　　□ 任务完成
6. 与相关方面(如总检人、客户等)沟通协调。　　　　　□ 任务完成

教学组织建议

学生两人一组(教师可根据实训条件自行安排分组人数)，一人进行软件操作，另一人对其操作过程进行记录与分析，完成后，这两名学生交换角色练习，教师对全过程进行把控。

一、知识准备

1 汽车维修结算

车辆维修总检完工后，企业应通知客户结算接车。在大型的汽车维修企业，有专人负责(预)结算工作，为客户开结算单，另由出纳负责收款。结算人员属于业务人员，并不与客户发生金钱往来，而收款人员属于财务部门。在此，"(预)结算"和"收款"的职能权限都是分开的。在中小型汽车维修企业，结算与收款通常是由同一个人来完成的，因此在本教材中，将收款项目合并到了结算模块内。

2 结算出厂过程中的其他管理

1) 预结算时的优惠管理

在费用的结算部分，维修顾问常常会为客户进行价格优惠。在实际的企业管理中，每个人员的优惠权限是不一样的。在企业计算机管理中，以"折扣率"为标准来进行折扣权限

的管理，凡优惠金额超过该维修结算人的权限时，系统就会提醒结算员不能结算。这个功能尤其在人员较多的大型汽车维修企业中有着非常重要的用途。

2）预约管理

预约管理是企业在本次维修过程中，与客户预定下次的维修内容和时间。预约管理可以在出厂时进行，也可以在维修管理中单独进行。预约管理的内容包括预约客户的基本信息、预约内容、预约状态三个部分。

3）合格证打印

按照我国交通部和各地交通运输管理部门的相关规定，车辆出厂时，承修单位需要为出厂车辆提供一份出厂合格证。一般来说，符合维修管理部门规定的合格证有两个种类，一是交通部规定格式的合格证样式，另一种是各地自行规定的合格证样式。

3 反结算和重结算

反结算是指车辆在结算或者出厂后，由于维修项目或者维修用料有变动，需要返回车间进行重新修理或者重新总检，那么采用"反结算"方法，把该车在系统中从"已结算"或者"已出厂"状态返回到"已总检"状态。只有"已结算"和"已出厂"的维修单才可以进行"反结算"处理。在反结算之后，维修单的状态返回到"已总检"，如果需要重新进行修理项目和配件的调整，需要通过"反总检"，把该业务单返回到"在修"状态，方可继续处理。

重结算是指车辆维修过程中，如果车辆已经结算或者出厂，客户对结算内容有疑问，要求重新结算，此时需要用到系统中的"重结算"功能。重结算与反结算的根本区别在于，重结算时，车辆并不返厂重新修理，仅仅修改结算单的内容即可。此时，车辆在系统中的维修状态仍然为"已出厂"或者"已结算"状态，并不返回到"已总检"状态。

二、任务实施

项目1　维修预结算

1 项目说明

车辆维修总检完工后，总检人需通知维修顾问。维修顾问接到总检人的通知后将车辆从维修车间开至洗车间进行清洗，清洗后，将车辆停放在维修车辆停放区，然后联系客户，并与客户核对维修项目及维修用料，检查车辆是否修好。经过客户确认后，维修顾问根据维修单，为客户出具维修预结算单。维修预结算单包括客户及车辆的信息、维修项目信息、维修用料信息以及维修费用明细等。

2 操作要求

（1）需要在已总检单的基础上制作预结算单。

（2）预结算单中的维修项目工时费，维修用料的数量、单价、金额，预结算单中的相关费用要正确填写,填写格式要求是数值型格式。

(3)预结算单中的维修人必须填写。

3 操作步骤

1)第一步 打开并新建维修预结算单

在"汽修业务导航"界面,选中业务维修单,点击"预结算",如图5-1所示。

图5-1 打开预结算界面路径一

点击菜单栏上的"维修管理"下的"预结单"。此时,"业务预结算单"窗口是空白的,如图5-2所示,点击左上方的"维修单"按钮,就会弹出"打开维修登记单"窗口,选择客户名称为"赵轩"的客户,点击"确定"按钮,如图5-3所示。

图5-2 空白业务预结算单

图5-3 打开维修登记单窗口

打开所需要进行预结算的信息,如图5-4所示。

2)第二步 修改并保存维修预结算单

例如:选择需要修改的维修项目"全车检查",点击"工时费"栏位,把0改为100。然后,点击菜单栏的"保存"即可,如图5-5所示。

3)第三步 预结算并打印

在"业务预结算单"上填写好维修结算人、发票类型等信息后,点击菜单栏"预结算",如图5-6所示。

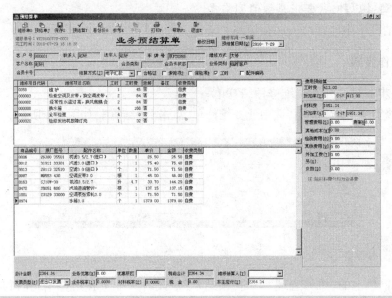

图5-4 业务预结算单

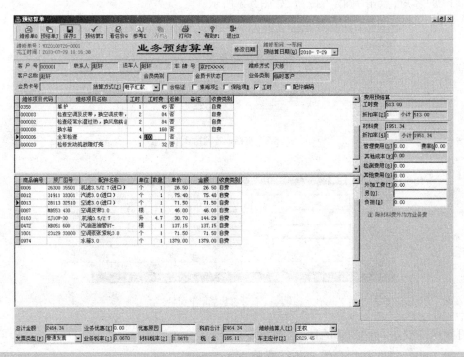

图5-5 修改并保存业务预结算单

弹出"预结后将不能再修改,确定要预结吗?"窗口,点击"是",进行预结算,点击"否"返回,不进行任何操作。弹出"预结成功!"窗口,点击"确定"即可。

预结算成功后,弹出"是否打印结算单?"点击"是",进行打印,点击"否",不进行打印。或点击菜单栏"打印"按钮,弹出"维修结算单"打印窗口,打印即可,如图5-7所示。

学习任务5 系统维修结算

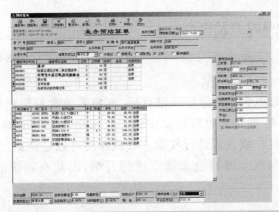

图5-6 填写维修结算人及发票类型并预结算

北京××××科技有限公司

地址：北京市海淀区清河××中路25号中关村A座　邮编：100192
电话：010-6293××××　6293××××　6293××××　传真：010-8271××××

维修结算单

进厂日期：2010-07-29
结算日期：2010-07-29

业务单号 WX20100729-0001　　维修车间：一车间

客户名称	赵轩		联系电话	1314626××××	
托修车型	BK 2.0 MT		车牌号	京PT××××	VIN号	LSGJA521139H023578
维修方式	大修		完工日期	2010-07-29	结算方式	电子汇款
送修人：赵轩		送修人电话：1314626××××		证件号码：11010219730125××××	

序号	维修项目	工时	工时费	收费类别	备注
1	维护	1	45	自费	
2	检查空调及皮带、换空调皮带、张紧轮	2	84	自费	
3	经常性水温过高，换风扇耦合器	2	84	自费	
4	换水箱	4	168	自费	
5	全车检查	4	100		
6	检修发动机故障灯亮	1	32		

序号	维修用料	单位	数量	单价	金额	收费类别
1	机油滤清器3.5/2.7(进口)	个	1	26.50	26.50	自费
2	汽油滤清器3.0(进口)	个	1	75.40	75.40	自费
3	空气滤清器3.0(进口)	个	1	71.50	71.50	自费
4	空调皮带3.0	根	1	46.00	46.00	自费
5	机油3.5/2.7	升	4.7	30.70	144.29	自费
6	汽油进油管97-	根	1	137.15	137.15	自费
7	空调泵、张紧轮3.0	个	1	71.50	71.50	自费
8	水箱3.0	个	1	1379.00	1379.00	自费

结算

工时费	材料费	外加工费	检测费	管理费	其他费	另		
513.00	1951.34	0.00	0.00	0.00	0.00	负担		0.00
小计金额	2464.34	优惠金额	0.00	税金		0	结算人	王权
应付金额	2464.34	大写	贰仟肆佰陆拾肆元叁角肆分整					

机动车维修质量保证期：
汽车一级维护、小修及专项修理质量保证期为车辆行驶 2000 km 或者 10 日。
质量保证期中行驶里程（km）和（日期）的指标，以先达到者为准。
整车修理或总成修理：100天或20000 km

本次里程：16800 km
下次预约里程：
客户签字：

图5-7 打印维修结算单

项目2　维修业务收款及查询

1　项目说明

维修顾问通过维修单为客户进行预结算后,客户需要拿着预结算单到收银台进行付款。维修业务收款功能,就是为收银员提供的。收银员根据客户拿来的预结算单,按照维修顾问与客户协商的收款方式进行收款。收款额度可以是全款,也可以部分收款或者挂账。因为有的客户与汽车维修企业通常进行月结,因此在收银的时候可以使用挂账操作。

2　操作要求

(1)收银员需要根据预结算单中的内容对维修业务进行收款。
(2)收款时需要填写交款方式、收款金额、收款人等信息。
(3)输入的收款金额要求是数值格式。
(4)收款后,需要为客户打印收据并在预结算单上盖章。

3　操作步骤

1)第一步　打开维修业务收款界面

在"汽修业务导航"界面,选中业务维修单,点击"预结算",如图5-8所示。

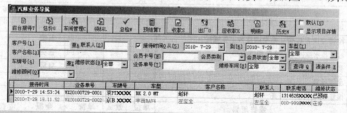

图5-8　打开收款界面路径一

点击菜单栏上的"维修管理"下的"预结算"。此时,"维修业务收款"窗口是空白的,如图5-9所示,点击业务单号后面的"查A"按钮,就会弹出"打开维修登记单"窗口,选择客户名称为"赵轩"的客户双击或点击"确定"按钮,如图5-10所示。

打开所需要进行收款的信息,如图5-11所示。

2)第二步　填写维修收款信息

在"维修业务收款"上填写交款方式、实收金额、收款人等信息后,如图5-12所示。

3)第三步　收款并查询收款结果

点击"收款"按钮,如图5-12所示,弹出"应收款记录保存之后不能修改,确定要保存吗?"对话框,点击"是",进行收款,点击"否",返回,不进行任何操作。弹出"成功!",点击"确定"即可完成收款。

点击菜单栏上的"维修管理"下的"维修业务收款查询"。此时,进入"维修业务收款查询"窗口,点击左上方的"查询",即可看到客户赵轩的收款记录的列表,并且可以看到"收款

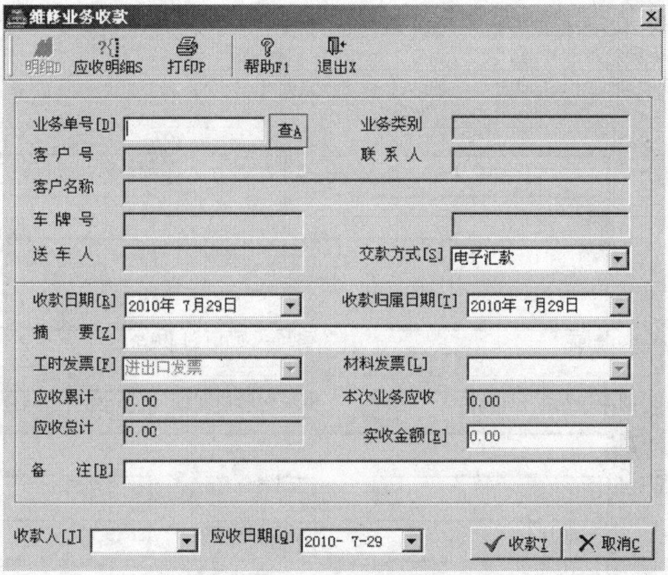

图5-9　空白维修业务收款

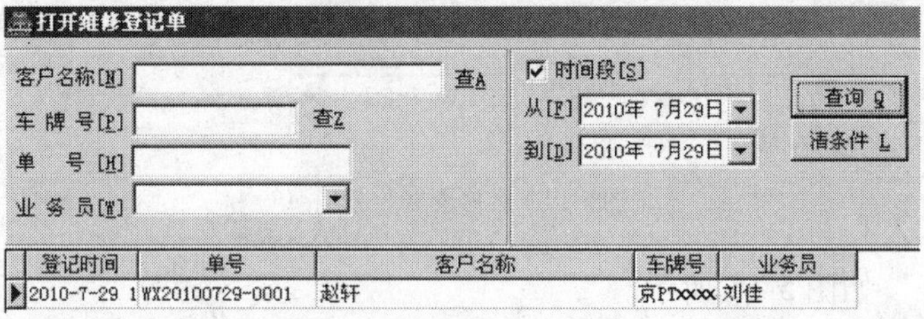

图5-10　打开维修登记单

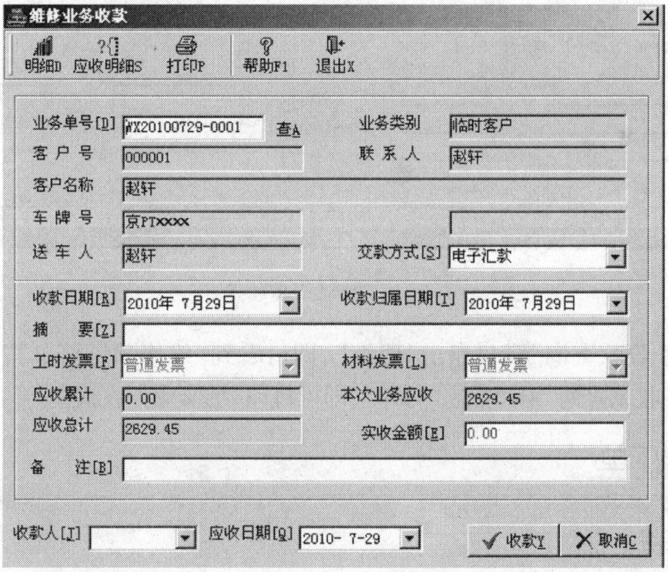

图5-11　维修业务收款信息

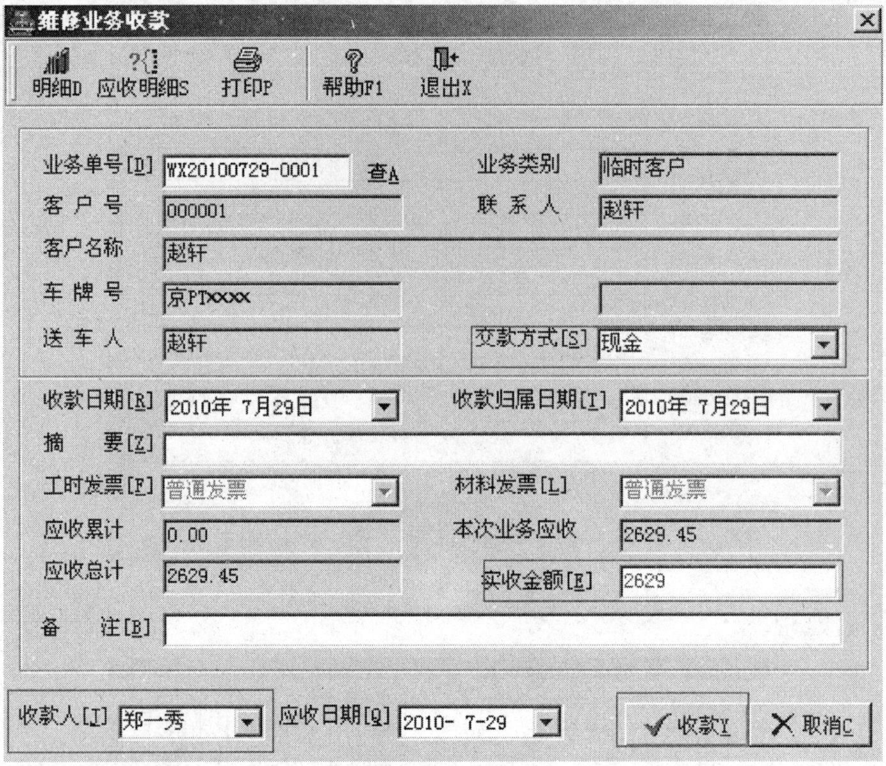

汽车维修服务企业管理软件使用

图 5-12 维修业务收款信息

人"和"实收金额",如图 5-13 所示。

图 5-13 维修业务收款查询

在"维修业务收款查询"窗口点击"明细",即可看到"维修预结算单",如图 5-14 所示。
在"维修业务收款查询"窗口点击"打印",即可打印"维修业务收款查询",如图 5-15 所示。

项目3 出厂单

1 项目说明

客户交款后,维修顾问首先需要为客户办理出厂手续,然后陪同客户来到车辆停放区,

图5-14　业务预结算单

北京××××　科技有限公司

地点：　北京市海淀区清河××中路25号中关村××A座2层　　邮编　100192

电话：　010-6293×××× 6293×××× 6293××××　　传真：　010-8271××××

网址：　www.××××.com　　邮箱：　××××@163.com

维修业务收款查询

第1页

收款归属日期	结算时间	业务单号	车牌号	客户名称	收款人	实收金额
2010-7-29	2010-7-29	WX20100729-0001	京PT××××	赵轩	郑一秀	2629
合计：						2629

打印日期：2010-7-29　　共1页

图5-15　打印维修业务收款

将车辆的“维修防护”撤掉，并将车辆钥匙转交给客户，提醒客户下次维护时间以及注意事项。办理出厂的过程中，可以为客户进行维修或维护预约操作。

2　操作要求

(1)只有已收款的维修单，才能进行出厂单操作。

(2)操作出厂单前应正确选择维修单。

(3)在出厂的同时，可以进行维修预约与维护预约。

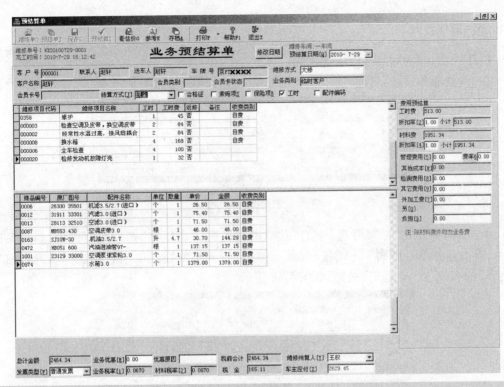

3 操作步骤

1)第一步 两种方法打开维修单据

在"汽修业务导航"界面,选中业务维修单,点击"出厂",如图 5-16 所示。

图 5-16 打开出厂界面路径一

点击菜单栏上的"维修管理"下的"预结单",此时,"出厂单"窗口是空白的,如图 5-17 所示,点击业务单号后面"查A"按钮,就会弹出"打开维修登记单"窗口,选择客户名称为"赵轩"的客户,点击"确定"按钮,如图 5-18 所示。

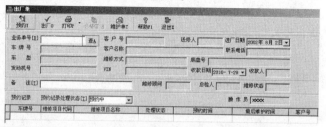

图 5-17 空白出厂单

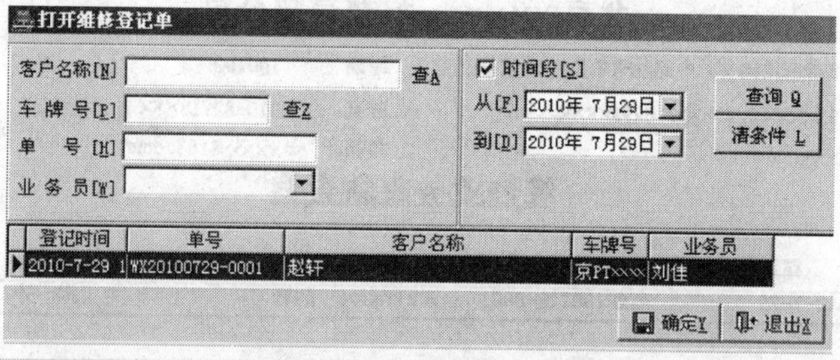

图 5-18 打开维修登记单窗口

打开所需要进行出厂的信息,如图 5-19 所示。

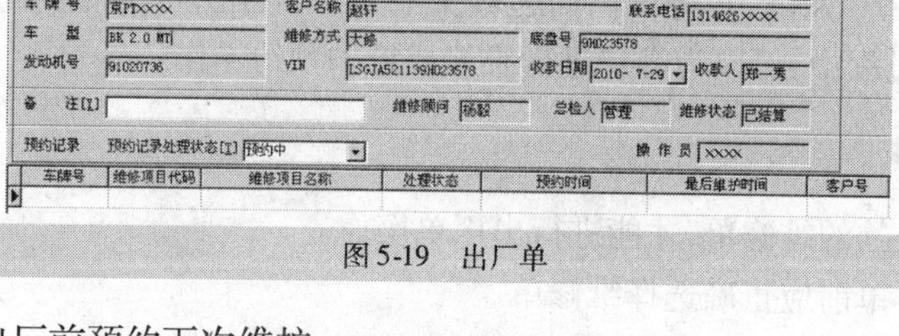

图 5-19 出厂单

2)第二步 出厂前预约下次维护

点击“出厂单”左上方“预约”(图5-19),即可弹出预约窗口,如图5-20所示。

点击“预约管理”左上方“登记”按钮(图5-20),弹出“预约登记”窗口,在预约内容里面,分别点击“维修项目代码”和“项目组合”后面的“查Z”和“查H”按钮,选择需要添加内容(具体操作可参考学习任务2系统维修预约的操作),并在“预约时间”填上下一次维护时间“2010年8月29日9点30分”,“事项”填上“携带好维护手册”,填写完毕后,点击“确定”按钮,如图5-21所示。

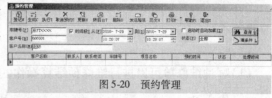

图5-20　预约管理

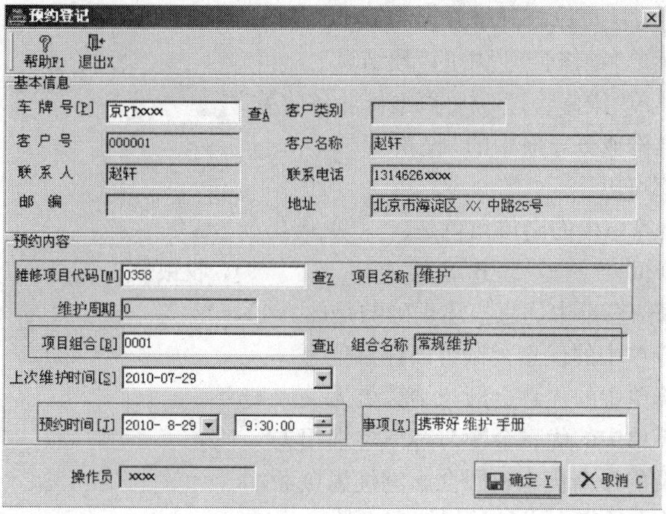

图5-21　预约登记

3)第三步　出厂

填写好预约内容后,预约信息就会显示在出厂单上面,点击菜单栏“出厂”,弹出“确定出厂吗?”,点击“是”,进行出厂,点击“否”返回,不进行任何操作。点击菜单栏的“打印”按钮,弹出“出厂单”打印窗口,打印即可,如图5-22所示。

北京××××科技有限公司

地址:北京市海淀区清河 XX 中路25号中关村 xxxx A座 邮编:100192

电话:010-6293xxxx　6293xxxx　6293xxxx　传真:010-8271xxxx

出厂单

业务单号	WX20100729-0001	车牌号	京PT××××	送修人	赵轩
客户号	000001	客户名称	赵轩		
收款日期	2010-07-29		收款人	郑一秀	
备注					

预约记录　　预约处理状态为:预约中

项目代码	项目名称	处理状态	预约时间	最后维护时间
0358	维护	预约中	2010-8-29	2010-7-29
0001	常规维护	预约中	2010-8-29	2010-7-29

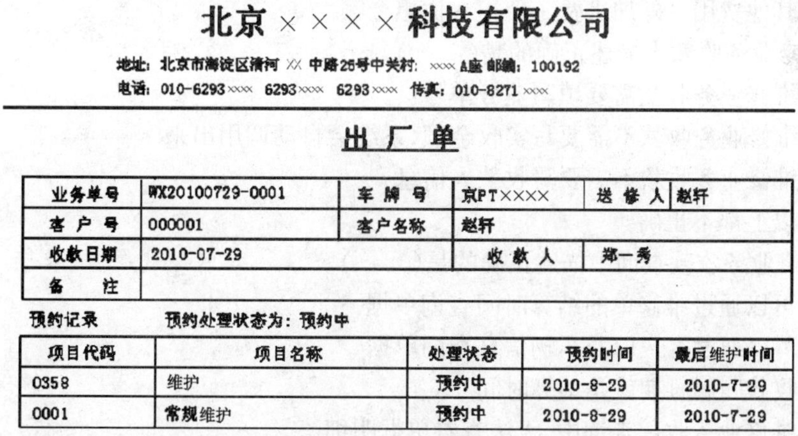

图5-22　打印出厂单

三、学习评价

1 理论考核

1)选择题

(1)哪种维修单可以进行维修预结算操作？（　　）

　　A.登记　　　　B.在修　　　　C.已总检　　　　D.已收款

(2)下列哪种方法可以打开维修预结算单？（　　）

　　A.选择菜单"维修管理"中的"预结算"

　　B.选择菜单"维修管理"中的"维修业务收款"

　　C.选择维修业务导航中的"收款"

　　D.以上都可以

(3)维修预结算单中的岗位角色是（　　）。

　　A.维系顾问　　　　B.总检人　　　　C.收银员　　　　D.结算员

(4)关于维修结算单中优惠描述正确的是（　　）。

　　A.预结算单中的优惠金额可以任意优惠

　　B.预结算单中的优惠金额与结算员无关

　　C.预结算单中的优惠金额与客户类别相关

　　D.结算员的最高优惠权限会影响优惠金额

(5)预结算单中的客户应付是如何产生的？（　　）

　　A.工时费+材料费

　　B.工时费小计+材料费小计

　　C.工时费小计+材料费小计+管理费用+费率+其他成本+检测费用+其他费用+外加工费+负担－优惠金额+税金

　　D.工时费小计+材料费小计+管理费用+费率+其他成本+检测费用+其他费用+外加工费+负担－优惠金额

(6)维修业务收款中描述正确的是（　　）。

　　A.维修业务收款需要填写业务单号

　　B.维修业务收款不需要写实收金额，系统会自动调用出来

　　C.维修业务收款不需要写收款人信息

　　D.以上都不正确

(7)维修业务收款查询中描述正确的是（　　）。

　　A.可以通过维修单的结算时间查询单据

　　B.可以通过客户以及车辆信息查询单据

　　C.收款归属日期就是结算时间

　　D.维修业务收款查询中，无法查看单据明细

(8)下列哪个环节可以进行维修业务收款？（　　）

A. 已总检　　　　B. 在修　　　　C. 已完工　　　　D. 已预结

(9) 下列哪个环节可以进行出厂单？（　　）

　　A. 已总检　　　　B. 已预结　　　　C. 已收款　　　　D. 以上都可以

(10) 出厂单不能完成哪项操作？（　　）

　　A. 车辆出厂　　　　B. 预约维修项目

　　C. 预约维护项目　　D. 打印结算单

2）思考题

哪些情况可以进行反总检操作？为什么？尝试做一次反总检操作，并观察单据状态变化。

2　技能考核

1）项目 1

根据学习任务 3 项目 2 的维修单对该维修单进行总检操作，并完成一次反总检操作。

2）项目 2

根据学习任务 3 项目 2 的维修单对该维修单进行预结算操作，并完成收款及出厂操作。收款后，进行收款内容的查询。

系统维修操作项目评分表如表 5-1 所示。

系统维修结算操作项目评分表　　　　　　　表 5-1

基本信息		姓　名		学　号		班级		组别	
		规定时间		完成时间		考核日期		总评成绩	
	序号	考 核 项 目			标准分（总分 100 分）	考 核 标 准			评分
任务工单	1	考核准备： 工具： 设备：			5				
	2	对维修单进行总检操作			15	未正常总检扣 5 分			
	3	对维修单进行反总检操作，并总检			10	未按要求反总检修改单据扣 5 分，未返回总检扣 5 分			
	4	对维修单进行预结算操作			25	每填错一项扣 3 分，结算人未正确填扣 5 分			
	5	对维修单进行收款操作			20	单据选错扣 10 分，收费金额错误扣 5 分，收款人错误扣 5 分			
	6	查询维修单业务收款明细			5	为查询正确结果扣 5 分			
	7	对维修单进行出厂预约操作，并出厂			5	未预约扣 2 分，未出厂扣 3 分			
5S					5				
团队协作					5				
沟通表达					5				

学习任务 6 客户综合服务

工作情境描述

情境一：2010年8月2日上午，客户服务部的何帅按公司规定对出厂3天的维修客户进行维修跟踪，客户赵轩在2010年7月29日的车辆维修项目正好在此次维修跟踪的范围内，于是何帅对赵轩进行了电话回访。回访中，赵轩对维修工作表示了一些疑问，何帅对此做了详细记录。电话后何帅找到了赵轩的维修顾问杨毅和相关人员，对当时的维修工作进行了解，何帅再次电话联系客户赵轩，对他提到的一些疑问一一解答。

情境二：2010年8月2日上午，客户服务部的何帅接待了一位老客户，他准备在维修厂中完成以下服务：

（1）为自己的车辆办理相关的税费；

（2）为车辆办理保险项目。

何帅根据该客户的要求为其逐一办理。

情境三：何帅每天除了完成客户的回访、办理客户服务外，还通过公司的系统查询即将过生日的客户，为客户送去祝福。每天早上查询维修维护以及保险到期的信息，及时以短信的方式通知客户。

学习目标

1. 能运用汽车维修服务企业管理软件对各项服务活动进行有效管理；
2. 能够运用汽车维修服务企业管理软件对客户信息进行跟踪提醒。

学习时间

8学时。

学习引导

本学习任务沿着以下脉络进行学习：

设备器材

1. 计算机一台。
2. 维修跟踪单若干。
3. 维修投诉记录单若干。
4. 电话一部。
5. 保险单若干。
6. 保险资料若干。
7. 车辆税费单据若干。
8. 车辆税费相关政策说明若干。
9. 相关短信平台及网络。
10. 保险相关政策文件。
11. 新保险的相关介绍文件。

 作业准备

1. 检查计算机、打印机、网络是否正常。　　　　　　　　□ 任务完成
2. 检查汽车维修服务企业管理软件是否能正常运行。　　　□ 任务完成
3. 了解维修客户的维修信息。　　　　　　　　　　　　　□ 任务完成
4. 了解常用保险办理流程,掌握办理手续。　　　　　　　□ 任务完成
5. 了解客户车辆的详细情况,结合相关政策为客户办理相关的税费手续。
　　　　　　　　　　　　　　　　　　　　　　　　　　□ 任务完成
6. 与相关方面(如客户、各部门负责人、客户、保险公司)沟通协调。□ 任务完成
7. 与相关方面(如客户、检测场、税费征稽部门)沟通协调。　　　□ 任务完成

 教学组织建议

学生两人一组(教师可根据实训条件自行安排分组人数),一人进行软件操作,另一人对其操作过程进行记录与分析,完成后,这两名学生交换角色练习,教师对全过程进行把控。

一、知 识 准 备

1 跟踪回访

1) 涵义

维修后的跟踪回访是汽车维修服务企业的客户关系管理中必不可少的一项内容,其目

的是了解客户在修车过程中与修车后对本企业各种服务的评价、意见与建议,并对可能存在的问题进行处理。客户的反馈信息可以帮助维修企业及时纠正问题,改善服务,完善管理。一个好的维修企业只有不断地了解客户所想,满足客户所需,才能提升企业在客户心目中的形象,更好地为客户服务。

维修后的跟踪回访是直接影响客户对维修企业的好感度的重要因素。

2)维修跟踪回访的内容

维修跟踪回访包括跟踪记录,投诉记录,客户维修满意度统计和投诉处理满意度统计。

跟踪记录是汽车维修企业在客户维修结束后一定天数后(通常小修3~5天,大修2~4周),主动联系客户,询问客户的评价、意见与建议。同时,解决客户提出的问题,反馈给客户并记录处理结果。

投诉记录是对客户投诉的各种问题,进行投诉记录,然后与相关部门讨论,找到问题并解决。

客户维修满意度统计是指在某时间段内,对维修跟踪过程中的客户总体评价打分,然后根据分数值进行的统计。

投诉处理满意度统计是指在某时间段内,对客户投诉处理过程中的反馈结果进行打分,然后根据分数值进行的统计。

2 一条龙服务

1)概述

在购买车辆时,相当一部分购车人对汽车是比较陌生的。在汽车的销售过程中,为了给购车人提供更加周到的服务,同时也为了吸引客户并增加利润,汽车销售者通常都提供附加的服务项目,这些附加服务项目通常被称为一条龙服务项目。

2)内容

一条龙服务实际是一个模糊的概念,并没有确切的定义。一般来说,一条龙服务包括导购、试车、购车签约、按揭签约、新车上牌、代缴税费、代办保险、配套装饰等项目,有的还包括会员办理,赠送礼品、礼卷,或者提供一些免费的美容装饰项目等。

(1)汽车导购:

作为经销商,应该对所售车型与市场上类似车型的各种性能参数作一个详细对比,得出各种车型的性能优劣。同时了解各种车型在市场上的变化,当客户来到经销商处选车时,经销商应主动为客户介绍各种销售车型的性能与结构、市场行情,作为客户的参考;同时对客户提出的各种疑问进行解答。好的销售商还会根据客户的喜好、性格与购车用途等因素,为客户提供适合自己的购车参考。客户在购车过程中如果充分体会到经销商的优质服务,便会对经销商所销售的车型产生好感,增加购车热情。

客户通过车型、颜色、性能等比较后,选购了一辆自己喜欢且适合自己的车。作为汽车经销商应主动向购车者提供合法证明、发票及交车的相关手续。

在交车之前,销售商需要帮客户进行车辆的静态与动态检查。静态检查内容包括:车辆灯光是否齐全有效;音响调试;检查转向盘、座椅、反光镜的调整是否到位;各种电器开关、车门、车锁、车窗、遥控器,是否灵敏有效;检查蓄电池桩头安装是否牢固;检查轮胎气压是否正常。动态检查内容包括：发动汽车，检查各种仪表显示是否正常；听发动机有无异响；检查空调工况是否良好，压缩机和皮带有无异响；各种传感器和继电器是否正常启用；检查制动是否灵敏有效；转向是否正常、不跑偏、助力器无异响；检查挡位是否清晰，离合器和变速器、减振器有无异响。这些检查都得到客户的认可后，车辆就可以正式交与客户了。

(2) 办理移动证/临时牌：

没牌照的车辆不能上路，因此验车后本地居民还须到当地公安交管部门（或其驻场代办处）办理车辆移动证，去外地的车辆则须先到检测场验车并办理临时牌照方准许上路。

(3) 验车：

新车需到车辆检测场检验，验车场由车管所指定。检验合格后填发由驻场民警签字的机动车登记表。验车时须带齐所需相关证件。验车前应该事先清洗车辆，检查汽车有无漏油、漏水现象。发现问题应及时修复。除了这些，还应该检查车辆的灯光是否有效、制动系统是否有效、是否加装安全防护网以及附加装置（灭火器、三角警告牌）是否齐全。

验车时需要填写车辆检测表，记录车辆的基本信息以及各项指标；还需要进行一个上线检测，将准备好的车辆开至检测站检验，检测合格后由相应的负责人签署意见；最后将各种文件交予驻站交警审核并在《机动车登记表》上签字，完成整个验车过程。

(4) 工商验证：

持正规购车发票、厂家提供的汽车质量合格证（进口车还应提供海关货物进口证明或罚没证明书、商检证明书），到指定地点加盖工商验证章。

(5) 车辆购置附加税：

车辆购置附加税 = 购车款/(1 + 17%) × 车辆购置附加税税率

(6) 保险：

汽车保险是保险人通过向被保险人收取保险费的形式建立保险基金，并将它用于补偿因自然灾害或意外事故所造成的车辆的经济损失，或在人身保险事故发生时赔偿损失，负担责任赔偿的一种经济补偿制度。

新车车辆保险一定要在领取牌照之前办理，购车时一并完成保险手续，可省去许多麻烦。新车办理保险时，需要确定如何投保，提供身份证或组织机构代码证、购车发票。

(7) 新车上牌照：

客户准备好上牌照需要的各种资料，才能顺利上牌。首先要填写机动车登记表。将登记表、购车发票（2联）、车辆购置附加税证和发票、车管所回执、档案袋、身份证（组织机构代码证）及复印件，交到相关的窗口挑选车牌号。

(8) 办理行驶证：

新车在上牌照的时候，管理机关会给客户一个与车牌号相同号码的行驶证，它记录车辆的基本信息，包括车辆的归属和技术指标状况，可以确认客户对车辆的所有权，也是车辆能够上路行驶的书面证明。

(9) 缴纳车船使用税：

车船使用税是以车船为征税对象，向拥有并使用车船的单位和个人征收的一种税。详细内容见车船税相关条例。

二、任务实施

项目1　维修跟踪

① 项目说明

车辆维修出厂后，客户服务部门要对已经出厂的车辆进行跟踪回访，主要目的是考察客户对维修结果的满意程度，对车辆的维修是否有意见或者建议。客户服务部门对客户反馈的内容认真整理、分类，快速处理客户的意见，采纳客户的合理建议，从而提高管理质量，更好地为客户提供服务。

② 操作要求

（1）维修跟踪要在车辆维修出厂后三天内进行。

（2）客户服务部人员要了解车辆维修的基本情况。

（3）维修跟踪时，要注意对待客户的回访态度，如果客户有事情，不能强求客户接受维修跟踪回访。

（4）如果客户对维修结果有意见应详细记录，并联系相关部门给出处理意见，及时予以解决。问题解决后，要记录客户的满意度。

③ 操作步骤

1）第一步　建立维修跟踪

点击"客户服务"下的"维修跟踪"，进入"维修跟踪"界面，选择需要跟踪的"结算日期：2010-7-29 至 2010-7-29"，点击"查询"，即可查询到"赵轩"的客户信息，如图6-1所示。

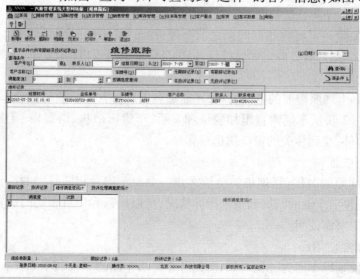

图6-1　维修跟踪主界面

在"维修跟踪"界面下方,点击"跟踪记录"后,在下方空白处右键,选择"新增",如图6-2所示。

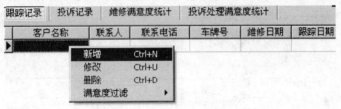

图6-2 新增跟踪记录的方法

2)第二步 处理客户意见并记录处理结果

点击"新增",弹出"维修跟踪"信息录入窗口后,在"客户意见"栏记录下"未更换'风扇耦合器3.5',为什么维修项目'经常性水温过高,换风扇耦合器'还要收工时费",在处理结果填上"'对风扇耦合器3.5'进行了清洗,没有更换,用料是不收费的,但工时还是需要收费的",处理人及跟踪人选择"何帅"等信息,点击"确定"即可,如图6-3所示。

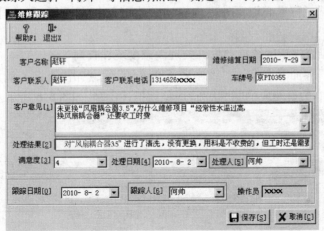

图6-3 填写维修跟踪记录

3)第三步 建立客户投诉

在"维修跟踪"界面下方,点击"投诉记录"后,在下方空白处单击右键,在快捷菜单中选择"新增",如图6-4所示。

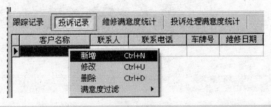

图6-4 新增投诉记录的方法

弹出"维修投诉"窗口后,在"投诉内容"栏位里面填写投诉内容"对划痕进行喷漆时,色彩不均匀,极不美观",如图 6-5 所示。

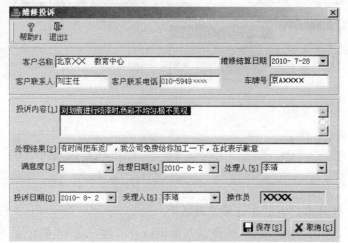

图 6-5　填写维修投诉记录

4) 第四步　处理客户投诉并记录处理结果

在"处理结果"栏位里面填写处理内容,如"有时间把车返厂,我公司免费给你加工一下,在此表示歉意"。

5) 第五步　维修满意度统计和投诉处理满意度统计查询

在"维修跟踪"界面下方,点击"维修满意度统计"后,点击"查询",满意度、得分次数在左边显示,并且在右边有相应的"饼状图"形象地描述出来,如图 6-6 所示。

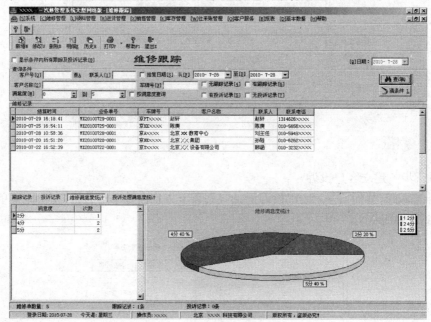

图 6-6　维修满意度统计

在"维修跟踪"界面下方,点击"投诉处理满意度统计"后,点击"查询",满意度得分次数在左边显示,并且在右边有相应的"饼状图"形象地描述出来,如图6-7所示。

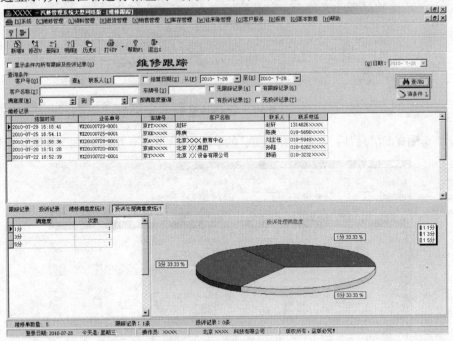

图 6-7　投诉处理满意度统计

项目2　车辆保险及车辆保险查询

1　项目说明

车辆保险是汽车维修企业对客户车辆进行的一项附加服务,可以为客户提供新车代办保险、保险续保等服务。汽车维修企业通常与保险公司合作,在汽车维修企业中建立保险代办点,客户在汽车维修企业办理保险后,如果车辆出险,可以直接到汽车维修企业进行定损维修,免去了客户办理保险理赔的奔波之苦。

2　操作要求

(1)需要根据客户需求添加车辆保险。
(2)添加的保险要录入保险公司信息以及保险费用。
(3)保险到期的需要重新添加保险。
(4)每辆车可以有多条保险。

3　操作步骤

1)第一步　选择保险车辆
点击"客户服务"下的"车辆保险",在"车辆保险服务"窗口点击"新建",然后点击车牌号后面"查Z",如图6-8所示。

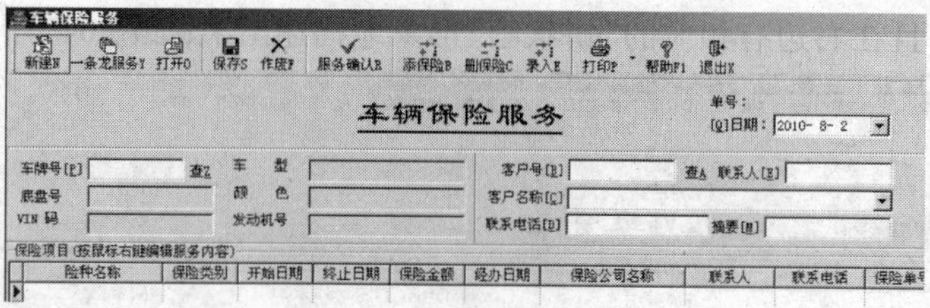

图6-8 车辆保险服务

弹出"车辆查询信息"后,查看没有"王鹏"的车辆信息,点击下方的"增加",如图6-9所示。

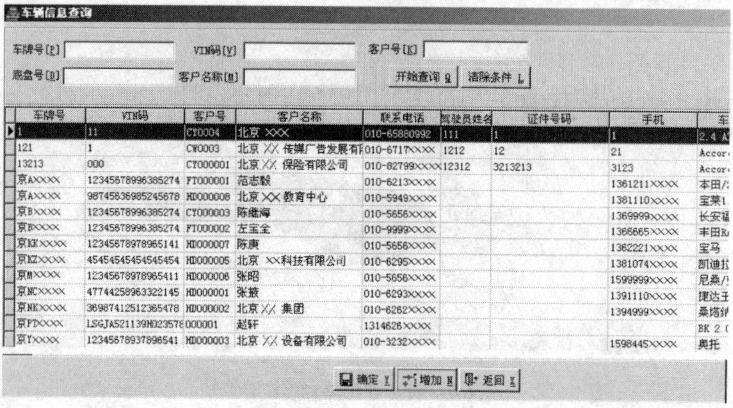

图6-9 所示车辆信息查询

在弹出的"车辆信息"窗口,填写正确的信息,如图6-10所示。

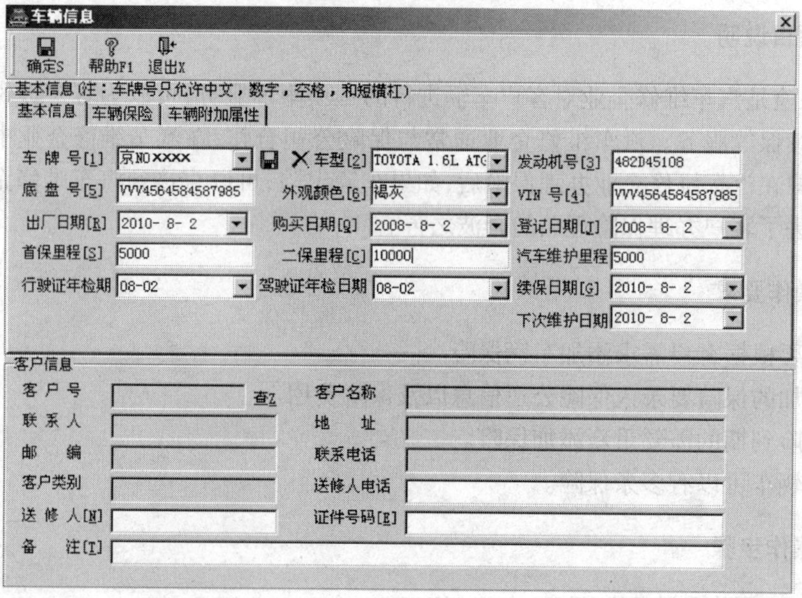

图6-10 车辆信息填写

然后，点击"客户号"后面的"查Z"，点击客户查询窗口右下方的"增加"，如图6-11所示。

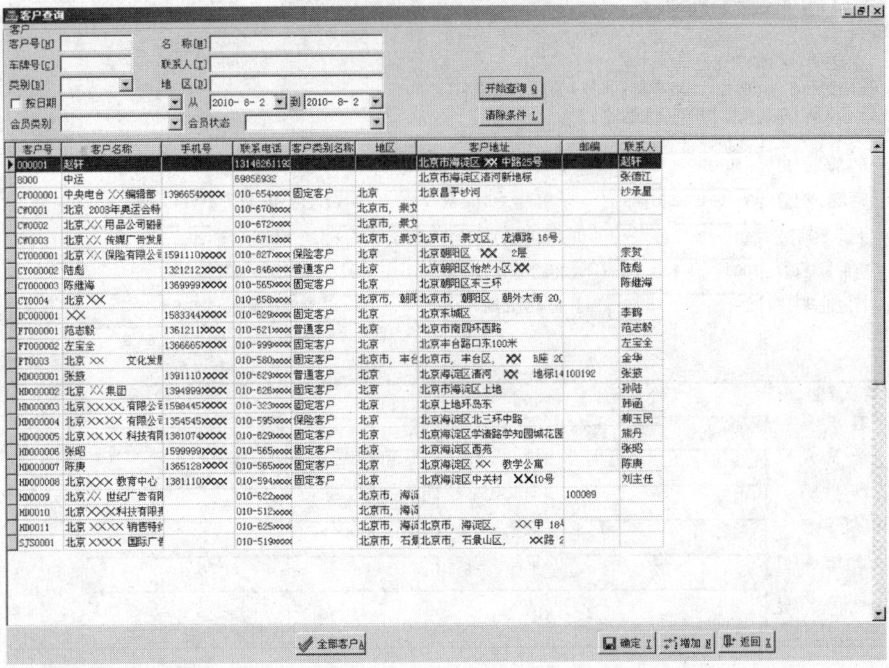

图6-11　客户查询

在弹出的"客户档案"窗口，填写正确的信息，填写完成后，点击"确定"，如图6-12所示。

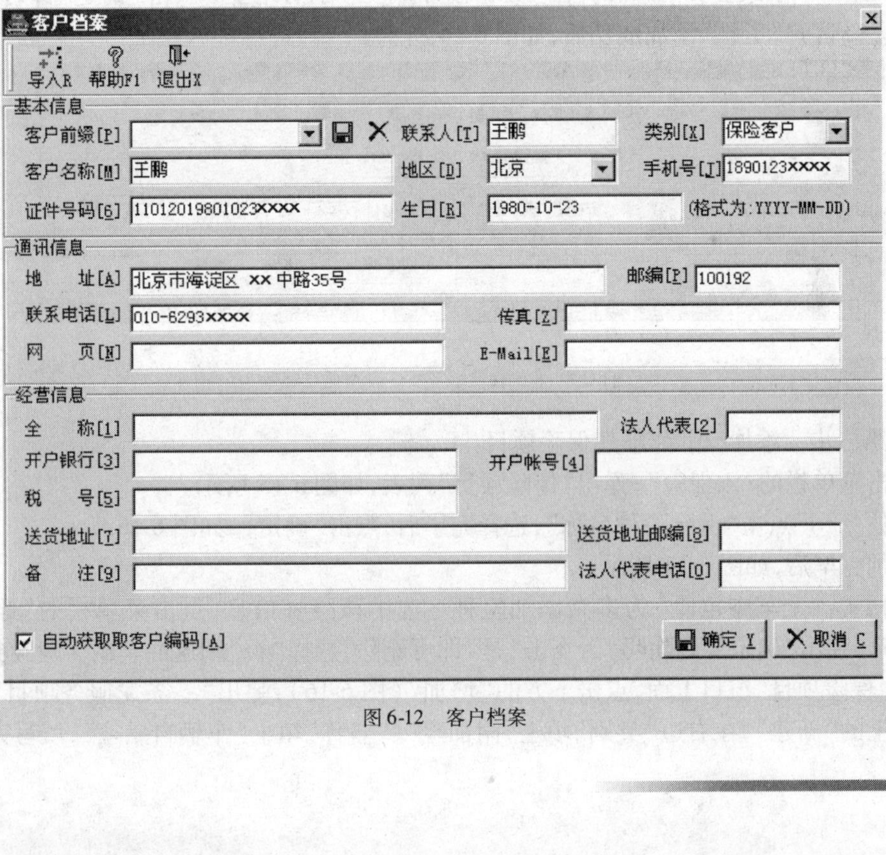

图6-12　客户档案

车辆信息和客户信息填写完成后,点击"左上角"的"确定"按钮即可,如图6-13所示。

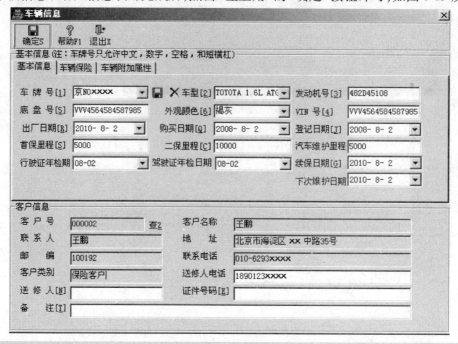

图6-13　车辆信息

弹出"是否将该车加入会员?",点击"是",填写会员信息;点击"否",不加入会员。在此点击"否",不录入会员信息。弹出"数据添加成功!"提示框后,点击"确定"即可完成数据添加。新客户"王鹏"添加成功后,如图6-14所示。

图6-14　车辆保险服务——新增信息显示

2)第二步　添加/删除/新建保险项目

点击菜单栏的"添保险",弹出"保险项目"列表,如图6-15所示。

按住"Ctrl"点击"保险险种名称",选择完毕后,点击"确定",如图6-16所示。

添加完毕后,如图6-17所示。

经核实,"全车盗抢险"为多余添加险种。选中该险种信息,点击菜单栏的"删保险"(图6-17),弹出"确定要删除吗?",点击"是"即可删除,选择"否"则返回车辆保险服务。

在"保险项目"窗口上面,点击下方的"增加"(图6-16),弹出"一条龙服务项目",点击左上角上的"新建",在右边"类别"填上"附加险"、"名称"填上"车辆自燃险",填写完毕后,

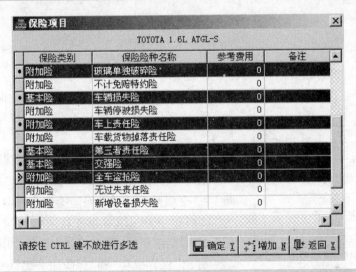

图6-15 保险项目

图6-16 选择保险项目

图6-17 添加保险完毕显示

点击"保存"即可,如图6-18所示。

3)第三步　录入保险信息

点击菜单栏"录入",或在"险种名称"上面点击右键,弹出窗口,选择"录入经办人、日

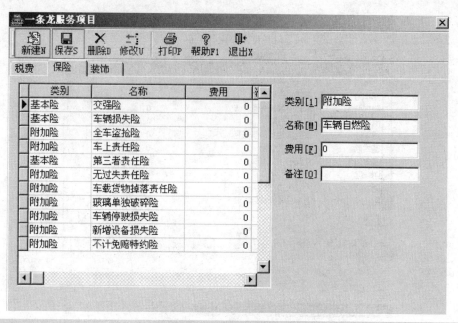

图6-18 一条龙服务项目

期",弹出窗口后,填写相关信息,如图6-19所示。

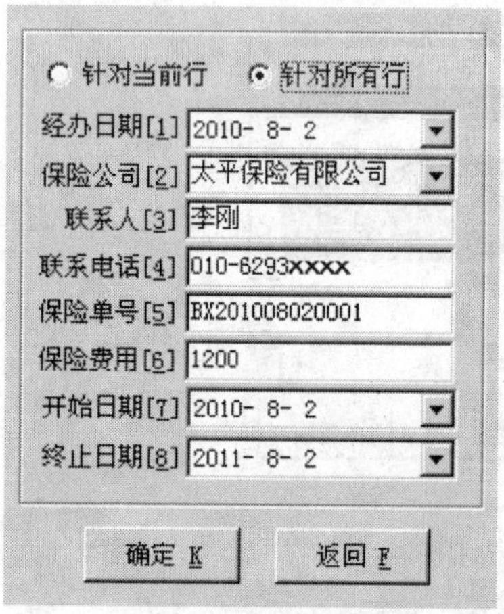

信息填写完毕后,点击"确定",此时经办人、日期等信息就会显示在车辆保险服务窗口里面,如图6-20所示。

4)第四步 保险服务确认及车辆保险查询

在车辆保险服务窗口里面,选择"玻璃单独破碎险"和"交强险",点击"保险金额"分别把保险金额改为"320"和"960",填写业务员:"何帅",保险类别:"新保",点击菜单栏的"服务确认"即可,如图6-21所示。

弹出"保存成功"和"保险服务确认成功!"窗口后,点击"确定"即可完成保险服务的添加。

点击"客户服务"下的"车辆保险查询",然后点击"查询",就可以看到登记保险的客户信息,如图6-22所示。

图6-19 录入经办人、日期

点击"保险服务单明细"即可看到该车辆保险的详细信息,如图6-23所示。

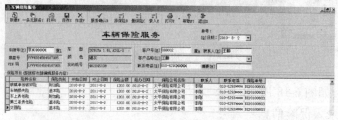

图6-20 录入经办人、日期后的车辆保险服务窗口

学习任务6　客户综合服务

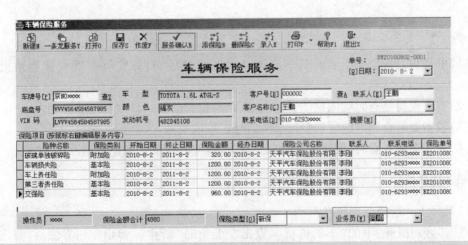

图6-21　确认车辆保险服务

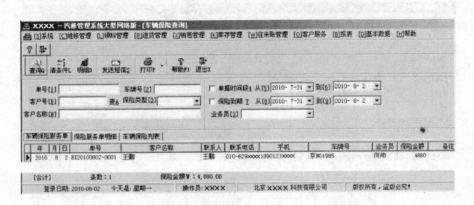

图6-22　车辆保险查询

图6-23　保险服务单明细

项目3　车辆税费及车辆税费查询

1 项目说明

车辆税费代办是企业对客户车辆进行的一项附加服务,可以为客户提供各种车辆税费的代办代缴服务,如车辆购置附加税、检测费、车船使用税、牌证费、移动证费、车辆行驶证费等。通常新车购买后,客户对新车办理的各种手续不是很清晰,此时4S店为了给客户提供更好的服务,根据新车办理需要收取的费用,提前一次性的收取客户这部分费用,用作协助客户办理新车的各种税费,免去了客户的奔波之苦。

2 操作要求

(1)办理税费时,需要了解新车应该办理的相关税费,并能够准确快速地协助客户办理。

(2)有些税费是有时间限制的,需要认真填写税费的开始日期和终止日期。

(3)税费要符合国家的税费制度,不能乱收、加收费用。

(4)录入车辆税费时,要正确选择或建立车辆信息,保证信息的正确性、完整性。

3 操作步骤

1)第一步 选择办理税费车辆

点击"客户服务"下的"车辆税费",点击左上角的"新建",弹出空白界面后,点击车牌号后面的"查Z",如图6-24所示。

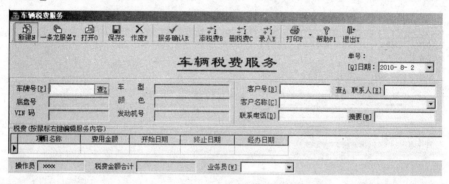

图6-24 车辆税费服务

在"车辆信息查询"窗口里面,选中客户王鹏双击或点击下方的"确定",如图6-25所示。

添加完毕后,显示如图6-26所示。

2)第二步 添加/删除/新建税费

在"车辆税费服务"窗口,点击菜单栏上的"添税费",如图6-26所示,即可弹出税费窗口,如图6-27所示。

在税费窗口,选择需要的税费,点击"确定",或者按住Ctrl进行多选。添加完毕后,如图6-28所示。

拓号费暂时不办理,选中该费用,点击菜单栏的"删税费",如图6-29所示,弹出"确定要删除吗?",点击"是"即可删除,选择"否"则返回车辆保险服务。

在"税费"窗口上面,点击下方的"增加",如图6-27所示。弹出"一条龙服务项目",点击左上角上的"新建",在右边"名称"填上"审验费"、"费用"填上"50",填写完毕后,点击"保存"即可,如图6-29所示。

添加完毕后,退出该窗口,在税费窗口即可查询到审验费,选中该税费,点击下方"确定"按钮即可,如图6-30所示。

所有税费添加完毕后,如图6-31所示。

图 6-25 车辆信息查询窗口

图 6-26 车辆税费服务——新增信息显示

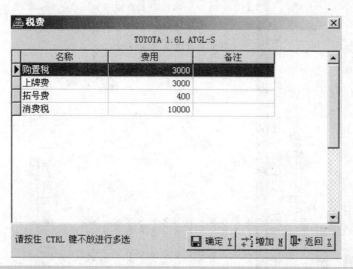

图 6-27 税费窗口

图 6-28 添加税费完毕显示

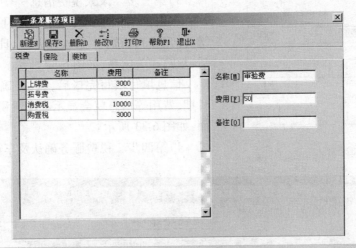

图6-29 一条龙服务项目

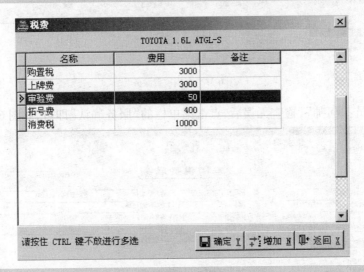

图6-30 税费窗口

图6-31 车辆税费服务

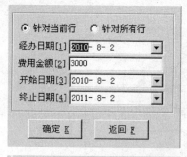

图 6-32 录入窗口

3)第三步 录入税费信息

点击菜单栏"录入"或在"项目名称"上面右键,弹出窗口,选择"录入经办人、日期",弹出窗口后,填写相关信息,如图 6-32 所示。

信息填写填写完毕后,点击"确定",此时经办日期、费用等信息就会显示在车辆税费服务窗口里面,如图 6-33 所示。

4)第四步 税费服务确认及车辆税费查询

图 6-33 车辆税费服务

填写业务员:"何帅",检查无误后,点击菜单栏的"服务确认"即可,如图 6-34 所示。

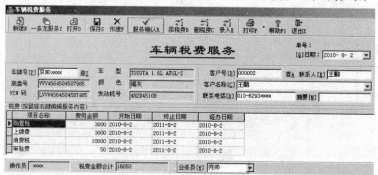

图 6-34 确认车辆税费服务

弹出"保存成功"和"车辆税费确认成功!"窗口后,点击"确定"即可。

点击"客户服务"下的"车辆税费查询",然后点击"查询",就可以看到登记税费的客户信息,如图 6-35 所示。

图 6-35 车辆税费查询

点击“税费服务单明细”即可看到该车辆税费的详细信息，如图6-36所示。

车辆税费服务单 | 税费服务单明细 | 车辆税费列表

年	月	日	税费服务单号	项目名称	税费金额	经办日期	开始日期	终止日期
2010	8	2	SW20100802-0001	购置税	3000	2010-8-2	2010-8-2	2011-8-2
2010	8	2	SW20100802-0001	上牌费	3000	2010-8-2	2010-8-2	2011-8-2
2010	8	2	SW20100802-0001	消费税	10000	2010-8-2	2010-8-2	2011-8-2
2010	8	2	SW20100802-0001	审验费	50	2010-8-2	2010-8-2	2011-8-2

图6-36　税费服务单明细

项目4　车辆保险到期查询

1　项目说明

车辆保险到期查询是对车辆所办理保险的保险公司、保险种类、保险日期、保险费用进行查询统计的一个功能。4S店或者汽车维修企业可以通过保险到期查询，提前提醒客户做好办理新的保险或者续保的准备，以避免因保险过期造成车辆出险但无法理赔的情况。

2　操作要求

(1)保险到期查询过程中要尽量提前通知客户，最好是提前1～2周，让客户做好充分的准备工作，不至于过于紧张。

(2)通知客户的时候，尽量采用有效的通知手段，如电话、短信、邮件等。

(3)对于即将到期的保险客户，通知时要提醒客户带齐相关证件、保单等。

(4)介绍新保险内容时，尽量简明扼要，不要影响客户的正常生活和工作。

3　操作步骤

1)第一步　打开车辆保险到期查询

点击“客户服务”下的“车辆保险到期查询”，即可打开“车辆保险到期查询”窗口，如图6-37所示。

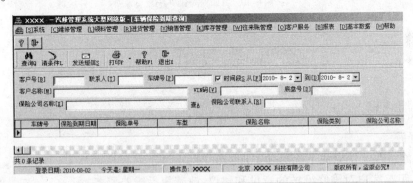

图6-37　车辆保险到期查询

2)第二步　按条件查询保险到期客户

在“车辆保险到期查询”窗口，把时间段选定为“2010-8-2～2010-8-16”，点击“查询”，如图6-38所示。

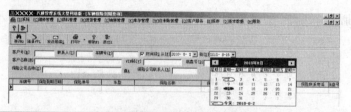

图 6-38　车辆保险到期查询——按条件查询

在 2010-8-2 ~ 2010-8-16 这段时间保险到期的车辆信息就会显示出来，如图 6-39 所示。

车牌号	保险到期日期	保险单号	车型	保险名称	保险类别	保险公司名称	保险联系人	保险联系电话
京B4510	20100811	BX200908120002	尼桑/蓝鸟	玻璃单独破碎险	附加险	中国人民保险集团股份	张海	010-62936669
京BXXXX	20100811	BX200908120002	尼桑/蓝鸟	不计免赔特约险	附加险	中国人民保险集团股份	张海	010-6293XXXX
京BXXXX	20100811	BX200908120002	尼桑/蓝鸟	车辆损失险	基本险	中国人民保险集团股份	张海	010-6293XXXX
京BXXXX	20100811	BX200908120002	尼桑/蓝鸟	车上责任险	附加险	中国人民保险集团股份	张海	010-6293XXXX
京BXXXX	20100811	BX200908120002	尼桑/蓝鸟	交强险	基本险	中国人民保险集团股份	张海	010-6293XXXX

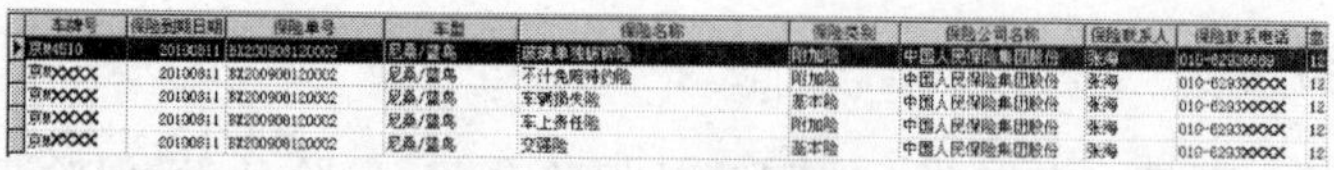

图 6-39　保险到期信息列表

点击“打印”，即可把查询出来的保险到期信息打印出来，如图 6-40 所示。

北京 XXXX 科技有限公司

地点：北京市海淀区清河 XX 中路25号中关村 XX A座2层　邮编：100192

电话：010-6293xxxx 6293xxxx 6293xxxx　传真：010-8271xxxx

网址：www.xxxx.com　邮箱：XXXX @163.com

车辆保险到期查询

查询日期2010-8-2

保险到期日期	保险单号	车牌号	车型代码 / VIN码	客户号 / 客户名称	保险公司联系人 / 保险公司	保险公司联系电话	保险名称 / 保险类型
20080312	BX20090812000-	京Bxxxx	尼桑/蓝鸟 / 12345678978965411	HD000006 / 张昭	张海 / 中国人民保险集团股份	010-6293xxxx	附加险 / 玻璃单独破碎险
20080312	BX20090812000-	京Bxxxx	尼桑/蓝鸟 / 12345678978965411	HD000006 / 张昭	张海 / 中国人民保险集团股份	010-6293xxxx	附加险 / 不计免赔特约险
20080312	BX20090812000-	京Bxxxx	尼桑/蓝鸟 / 12345678978965411	HD000006 / 张昭	张海 / 中国人民保险集团股份	010-6293xxxx	基本险 / 车辆损失险
20080312	BX20090812000-	京Bxxxx	尼桑/蓝鸟 / 12345678978965411	HD000006 / 张昭	张海 / 中国人民保险集团股份	010-6293xxxx	附加险 / 车上责任险
20080312	BX20090812000-	京Bxxxx	尼桑/蓝鸟 / 12345678978965411	HD000006 / 张昭	张海 / 中国人民保险集团股份	010-6293xxxx	基本险 / 交强险

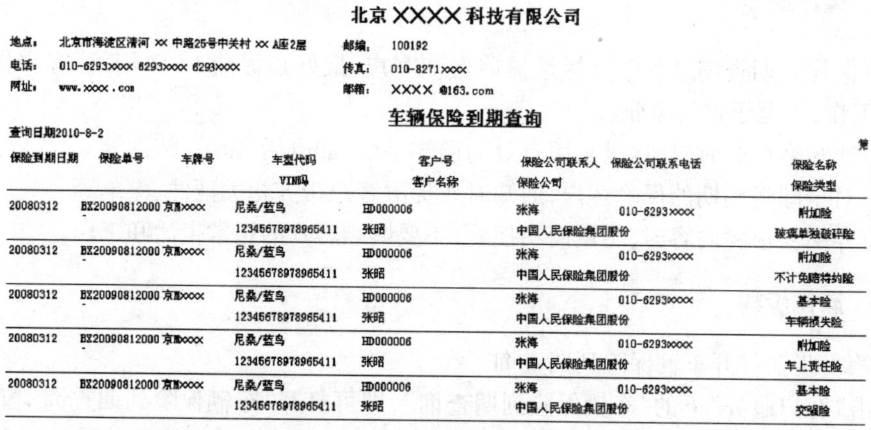

图 6-40　打印保险到期查询

三、学 习 评 价

1　理论考核

1）选择题

（1）维修跟踪无法完成下面哪项工作？（　　）

A. 跟踪客户对维修维护的意见和建议，改善售后维修服务

B. 记录客户的维修维护历史

C. 记录客户满意度

D. 记录客户反馈的处理结果

（2）以下哪项不属于维修跟踪记录的内容？（　　）

A. 客户意见　　B. 处理结果　　C. 满意度　　D. 维修顾问

(3)对客户投诉处理描述正确的是(　　)。

A. 投诉处理尽量不要记录到系统中,对个人的绩效考核有影响

B. 投诉处理记录一下就行了,不需要费心解决

C. 投诉处理要及时将客户反映的问题上报相关部门负责人,尽快处理,及时给客户一个合理的解决办法

D. 以上方法都不对

(4)以下哪项是投诉处理需要记录的内容?(　　)

A. 投诉内容　　　　　　　　B. 投诉处理结果

C. 满意度　　　　　　　　　D. 以上都是

(5)车辆保险描述错误的是(　　)。

A. 车辆保险服务单中,不需要记录保险的起止日期,通过经办日期查询即可

B. 车辆保险服务单中,需要记录经办日期

C. 车辆保险服务单中,需要记录保险项目的金额

D. 车辆保险服务单中,需要记录保险单号

(6)办理车辆保险服务的人员是(　　)。

A. 业务员　　　B. 经办人　　　C. 保险联系人　　　D. 客户联系人

(7)关于车辆税费描述正确的是(　　)。

A. 车辆税费是维修厂自行缴纳的税费,费用由维修厂承担

B. 车辆税费是维修厂代客户缴纳的税费,费用由客户承担

C. 车辆税费是没有期限限制的,通常只在购车后一次性缴纳

D. 以上描述都是错误的

(8)下列哪个查询条件不属于车辆保险到期查询?(　　)

A. 首次维护里程　　B. 车牌号　　C. 保险公司名称　　D. 保险到期时间段

2)思考题

车辆保险、车辆保险查询与车辆保险到期查询之间的关系是什么,怎么使用效果最好? 试着找一下它们的关联点。

2 技能考核

1)项目1

分组完成车辆维修出厂和维修跟踪服务(教师为客户)。

(1)一组完成一个客户的接待工作并进厂维修。

(2)二组完成车间管理及总检操作。

(3)一组完成预结算和收款出厂工作。

(4)二组完成维修跟踪回访工作(教师分别扮演对公司服务满意、对公司服务有建议、对公司服务有意见并要求合理解决办法的三种客户)。

2)项目2

分组完成车辆保险服务和车辆税费服务。数据内容如表6-1 所示:

表 6-1

车辆保险服务	车辆:京KK×××× 保险内容:交强险、第三者责任险、车辆损失险(费用根据本地实际内容填写)并自定义一个数据库中没有的保险内容
车辆税费服务	车辆:京KK×××× 税费内容:购置税、上牌费、拓号费、消费税(费用根据本地实际内容填写)并自定义一个数据库中没有的税费内容

客户综合服务操作项目评分表如表 6-2 所示。

客户综合服务操作项目评分表　　　　　　　　表 6-2

基本信息		姓 名		学号		班级		组别	
		规定时间		完成时间		考核日期		总评成绩	
任务工单	序号	考核项目			标准分（总分100分）	考核标准			评分
	1	考核准备: 工具: 设备:			5				
	2	维修跟踪回访			20	未增加跟踪回访扣20分,未正确添加跟踪回访扣10分,每填错一项扣3分			
	3	维修跟踪投诉处理			20	未增加投诉处理扣20分,为正确添加投诉处理扣10分,每填错一项扣3分			
	4	车辆保险及车辆保险查询			20	每少添加一条保险项目扣5分,每添加错误一项扣3分,保险项目信息每填错一项扣2分			
	5	车辆税费及车辆税费查询			15	每少添加一条税费项目扣5分,每添加错误一项扣3分,税费信息每填错一项扣2分			
	7	车辆保险到期查询			5	未按要求查询保险到期的信息扣5分			
5S					5				
团队协作					5				
沟通表达					5				

学习任务7　汽车配件进销存管理

工作情境描述

情境一:2010年7月29日上午,库房管理员张政对库存配件进行查询,发现几个配件的数量已经低于库存下限,需要进行采购。于是张政向多家供应商进行了询价,找到一个价格合理的供应商后进行了采购。2010年7月29日下午,货物送到,张政对货物进行清点入库。同时检验人王权对这批货物进了入库前的质量检查,确认无误后,张政将配件入库。

情境二:2010年7月29日上午,客户左宝全打电话来,询问配件的价格,销售员张德江为客户左宝全出了一份销售询价,并发传真给他。左宝全收到传真后认为配件的价格可以接受,于是来店购买配件。张德江接待并销售配件给左宝全。

学习目标

1. 能运用系统查询配件电子目录及配件异动的历史信息;
2. 能运用系统进行配件订货管理;
3. 能运用系统进行配件出、入库管理;
4. 能运用系统进行配件的库存和销售管理。

学习时间

14学时。

学习引导

本学习任务沿着以下脉络进行学习:

教学组织建议

学生两人一组（教师可根据实训条件自行安排分组人数），一人进行软件操作，另一人对其操作过程进行记录与分析，完成后，这两名学生交换角色练习，教师对全过程进行把控。

一、知 识 准 备

1 汽车配件的定义

关于汽车配件，有很多种不同的定义。通用的一种定义是：在汽车商务和服务企业中，一般把汽车的零部件和耗材统称为汽车配件。

2 汽车配件的分类

汽车配件的分类比较复杂，由于它品种繁多而且日新月异，全球各地各个机构对汽车配件的分类方法各有不同。一般来说有如下几种分类方法：

（1）按照用途可以分为：必装件、选装件、装饰件、消耗件4类。

（2）按照生产来源可以分：为原厂件、副厂件、自制件3类。

（3）按照使用周期和库存要求可以分为：常备件和非常备件，或者快流件、中流件和慢流件。

（4）按照材质可以分为：金属配件、电子配件、塑料配件、橡胶配件、组合配件等。

（5）按照供销关系可以分为：滞销配件、畅销配件、脱销配件等。

（6）按照安装的位置可以分为：发动机配件、变速箱配件、空调配件、制动系统配件等。

3 汽车配件的特点

（1）品种繁多：只要是有一定规模的汽配商或者汽车维修企业，其经营活动涉及的配件都很多，一般都上万种，甚至10万余种。

（2）代用性复杂：很多配件可以在一定范围内代用，不同配件的代用性是不一样的，例如轮胎、灯泡的代用性就很强，但是集成电路芯片（IC）、传感器等的代用性就不强。掌握汽车配件的代用性，也是管好汽车配件的重要条件。

（3）识别体系复杂：一般汽车配件都有原厂图号（或称原厂编号），而且经营者通常还会为其配件进行自编号。

（4）价格变动快：整车的价格经常变动，汽车配件的价格变动更加频繁。

4 汽车配件的原厂编码

通常，整车制造厂都会对制造汽车所用的配件进行统一编码，编码的规定各不相同，但都有相对固定的规则。这些固定的编码通称原厂编码，由英文字母和数字组成，每一个字符都有特定的含义。汽车配件自编号常用方法有:分类顺序法、原厂编码加注法、车型分类加注法、货位序号法。

5 汽车配件成本核算方法

汽车配件作为商品,在经营过程中是有成本的。成本,是指为获得该商品所付出的代价。通俗地说,成本就是购买商品花费的钱。在汽车配件的经营企业中,配件成本的核算方法有个别计价法、月末一次加权平均法、移动加权平均法、先进先出法等。

6 汽车配件 ABC 法管理采购

ABC 分类法用简单的数学模型,对复杂的采购行为进行简单的规划和管理的一种数学方法。这种方法在汽车配件的供应管理上,具有很强的实用性。

1) ABC 分类法原理讲解

下面以操作实例简单讲述 ABC 分类法的应用。

按照配件的价格和数量,把常见的配件分为以下三类,如图 7-1 所示:

(1) A 类配件:占配件种类 10% 左右,金额占总金额的 65% 左右。

(2) B 类配件:占配件种类 25% 左右,金额占总金额的 25% 左右。

(3) C 类配件:占配件种类 65% 左右,金额占总金额的 10% 左右。

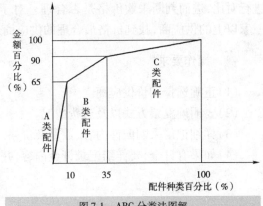

显然,这三类配件具有如下特点:

(1) A 类配件:种类少、金额高;

(2) C 类配件:品种多,金额少;

(3) B 类配件:介于 A 类与 C 类之间;

图 7-1　ABC 分类法图解

2) ABC 分类法实操步骤

(1) 配件的资料统计:将每一种配件上一时间段的用量、单价、金额进行制表。

(2) 按照金额大小进行排序,计算每种配件占配件总金额的百分比。

(3) 按照金额大小顺序计算每一种配件的累计百分比。

(4) 根据累计百分比绘制 ABC 分析表(柏拉图表)。

(5) 进行 ABC 配件分类。

制订采购计划时,应该从 C 类配件入手,如机油、三滤等,这类配件需求量大,容易找到消耗的数量规律。在完善 C 类配件的采购计划的基础上,逐步制订 B 类配件的采购计划。由于 B 类配件的数量规律往往波动较大,所以没有办法全部严格定量计划,但是可以制订一个大致的计划。对于 A 类配件,一般不制订采购计划,而是按照需要随时订货。需要强调的是,制订采购计划时,还需要考虑配件的到货时间和付款条件。

7 配件的库房管理

配件的库房管理,是汽车服务企业管理的一个很重要的内容。负责库房管理的人员,应该受过严格的训练和系统的培训。配件的库房管理是汽车修配企业管理者控制资金和资源的平衡杠杆。从资金占用的角度来讲,配件的库存量越少,则占用的固定资金越少,公司的流动资金越多。从维修管理的角度来讲,配件合理仓储是保证正常维修销售的重要部分,仓库存储越完备则配件的后备利用机会就会越多。如何合理的分配资金与仓储的比例就是配件库房管理的重要内容。

二、任务实施

项目1 订货询价单及查询

1 项目说明

订货询价是采购前的一个重要流程。通过询价,可以找到质量最好、价格最优的供应商,提供性价比最高的采购方案。同时,采购询价也可以将本次采购的价格与以往的价格进行对比,进而判断采购价格是否合理。对于采购量大,或者单价很高的配件通常要询问三家以上的供应商,找到价格最合理的供应商后才能进行采购。

2 操作要求

(1)正确选择询价供应商。
(2)要明确发票方式以及运费情况。
(3)详细记录采购配件内容、数量及价格。
(4)如果有订金,要详细记录订金内容,并计入往来账。

3 设备器材

(1)计算机一台。
(2)订货单若干。
(3)现金若干。

4 作业准备

(1)检查计算机、打印机、网络是否正常。　　　　　　　□ 任务完成
(2)检查汽车维修服务企业管理软件是否能正常运行。　　□ 任务完成
(3)确定需要查询的配件信息及数量,了解配件并参考其进货价。□ 任务完成
(4)查找各个供应商的联系方式并询价。　　　　　　　　□ 任务完成
(5)与相关方面(如供应商、销售员、维修顾问)沟通协调。□ 任务完成

5 操作步骤

1)第一步　新建订货询价单
点击"进货管理"下的"订货询价单",点击"订货询价单"左上角"新建",弹出空白询价

单,如图 7-2 所示。

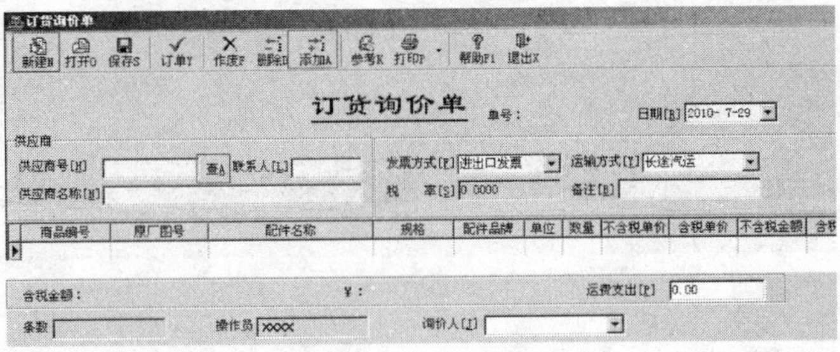

图 7-2 空白订货询价单

点击供应商号后面的"查A",如图 7-2 所示,弹出"供应商查询"对话框,如图 7-3 所示。

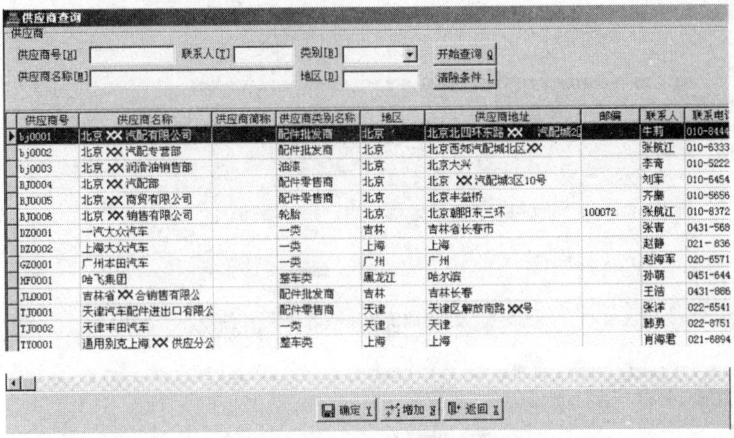

图 7-3 供应商查询窗口

选中需要的供应商双击或点击下面的"确定Y",供应商信息就会添加进来,如图 7-4 所示。

图 7-4 订货询价单——添加供应商

点击菜单栏的"添加A",即可弹出配件查询窗口,如图 7-5 所示。
选中需要的配件信息并双击,或点击"选中添加到单据",添加完毕后,如图 7-6 所示。
2)第二步 完成订单
填上询价人、发票方式及运输方式,点击菜单栏"订单Y",如图 7-7 所示。

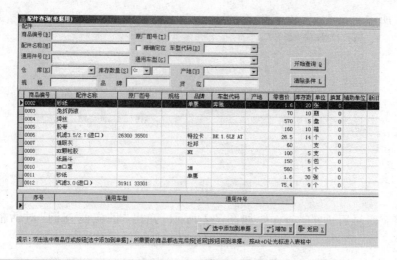

图7-5 配件查询(单据用)

图7-6 订货询价单——添加配件信息

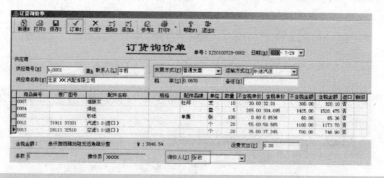

图7-7 订货询价单确认

图7-8 订货窗口

弹出"保存成功"提示框后,点击"确定"按钮。点击"确定"后,弹出"订货"窗口,填上订货人、订单号码及已付订金,点击"确定"即可完成,点击"否",则返回订货询价单窗口,不做任何操作,如图7-8所示。

3)第三步 订货询价单查询

点击"进货管理"下的"订货询价单查询",弹出"订货询价单查询"窗口,点击"查询",即可查看询价单列表,如图7-9所示。

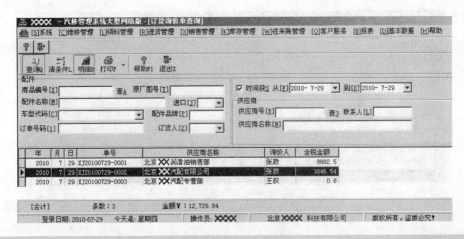

图7-9 订货询价单查询

选择需要查看的询价单信息,点击"明细",即可看到该询价单详细信息,如图7-10所示。

图7-10 订货询价单明细

4)第四步 作废订货询价单

点击"进货管理"下的"订货询价单",在弹出的"订货询价单"菜单上点击"打开",如图7-11所示。

图7-11 打开已存订货询价单

在"打开订货询价单"里面,选中需要作废的单据并双击,或点击下面的"确定",如图7-12所示。

选择完毕后,点击菜单的"作废",如图7-13所示。

弹出"确定要作废本张单据并删除它吗?",点击"是",确定作废并删除,点击"否",不

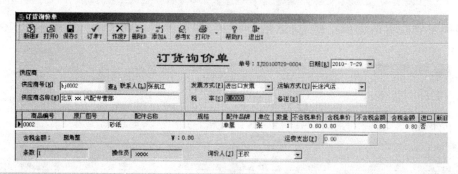

图7-12　打开订货询价单窗口

图7-13　订货询价单——作废

做任何操作,返回订货询价单窗口。

作废并删除后,弹出"有未保存内容,是否新建单据?",点击"是",新建订货询价单。点击"否",不做任何操作。

项目2　采购单及查询

1　项目说明

采购单是继订货询价单后,库管员对配件进行入库的一个过程。当已经采购回来的配件到店后,由库管员对采购的配件进行入库处理,采购单就是对入库配件信息进行登记的一个过程。配件信息除配件编码和配件名称外,还包括配件的数量、采购价、采购供应商、运费、发票信息等内容。入库后的配件作为库存配件可供维修和销售部门出库使用。

2　操作要求

(1)正确选择采购供应商。
(2)按照采购要求添加采购配件。
(3)配件的数量、单价、金额要正确填写,内容要求为数值格式。

(4)采购的仓库要明确。
(5)发票方式及结算方式要按供应商提供的发票及结算信息填写。
(6)采购员必须填写。

3 设备器材

(1)计算机一台。
(2)供应商的进货明细单一张。
(3)采购单一张。
(4)现金若干。
(5)入库配件若干。

4 作业准备

(1)检查计算机、打印机、网络是否正常。　　　　　　　□ 任务完成
(2)检查汽车维修服务企业管理软件是否能正常运行。　□ 任务完成
(3)按照供应商的供货明细清点进货配件。　　　　　　□ 任务完成
(4)与相关方面(如供应商、财务)沟通协调。　　　　　□ 任务完成

5 操作步骤

1)第一步　新建入库单→从询价单新建入库单

点击"进货管理"下的"采购入库单",弹出"入库单"窗口,点击菜单栏"新建",建立空白入库单,如图7-14所示。或在"入库单"上,直接点击"询价单",弹出"打开订货询价单"窗口,选择需要的单据并双击,或点击下面的"确定"按钮,如图7-15所示。

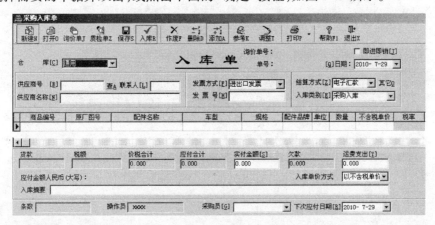

图7-14　空白入库单

添加后,入库单信息显示,如图7-16所示。

2)第二步　增加配件并填写入库单

点击菜单栏的"添加",弹出"配件查询"窗口,选中需要添加的配件信息并双击,或点击"选中添加到单据",如图7-17所示。

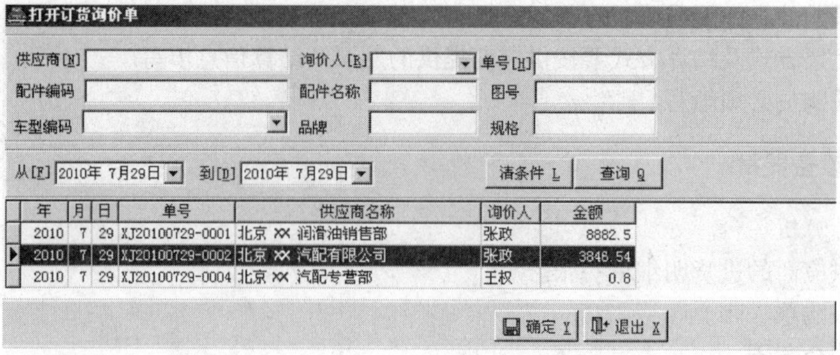

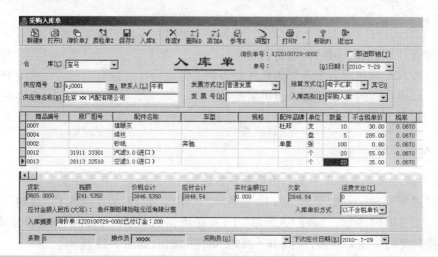

图 7-15　打开订货询价单

图 7-16　入库单——从询价单建立

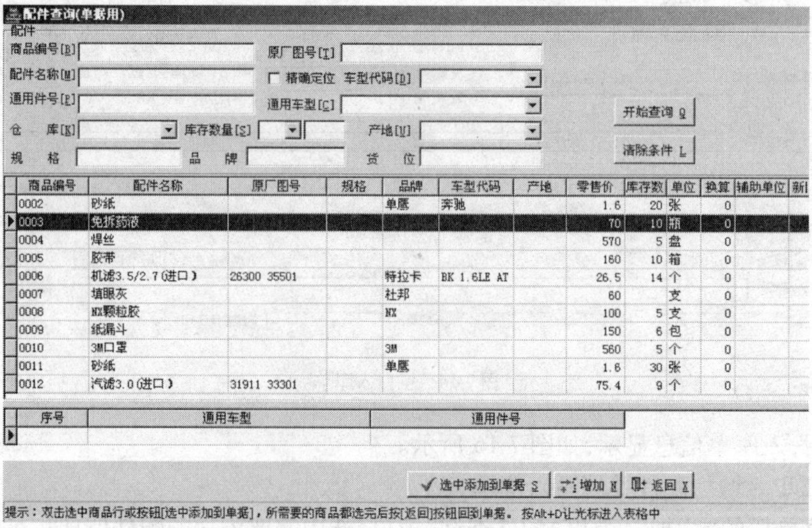

图 7-17　配件查询窗口

新添加的配件信息就会显示在入库单列表里面,如图 7-18 所示。

图 7-18　添加配件信息后的入库单

3) 第三步　配件参考及调整

选中需要参考的配件,点击菜单的"参考",即可弹出该配件价格参考窗口,如图 7-19 所示。

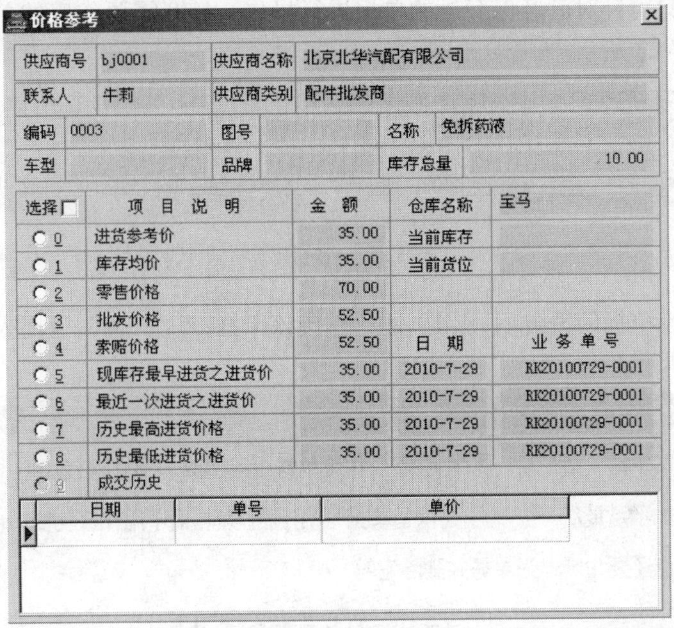

图 7-19　价格参考

选中需要参考的配件,点击菜单的"调整",即可弹出该配件价格调整窗口,如图 7-20 所示。

价格调整包括:不含税单价、含税单价、货款、价税合计 4 个方面,可根据自己的需要进行调整。

4) 第四步　保存并入库

入库信息填写完整后,点击菜单"保存",即可保存该单据,点击菜单"入库",即可完成入库操作,如图 7-21 所示。

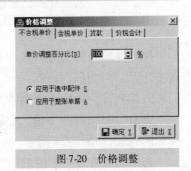

图 7-20　价格调整

图 7-21　采购入库单

5）第五步　作废入库单

作废入库单只可针对已经保存过的单据进行操作。打开需要作废的单据,点击菜单栏的"作废",如图 7-22 所示。

图 7-22　入库单作废

弹出是否作废单据的警告后,点击"是",作废该单据;点击"否",返回入库单,不做任何操作,如图 7-23 所示。

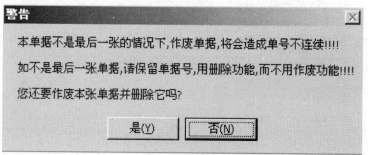

图 7-23　是否作废单据的警告窗口

作废并删除后,弹出"入库单有未保存内容,是否新建单据?",点击"是",新建入库单;点击"否",不做任何操作。

6）第六步　入库单查询

点击"进货管理"下的"入库查询",弹出"入库查询"窗口后,点击"查询",即可看到入库单的列表,如图 7-24 所示。

选中需要查看明细的单据,点击"明细",即可看到该单据详细信息,如图 7-25 所示。

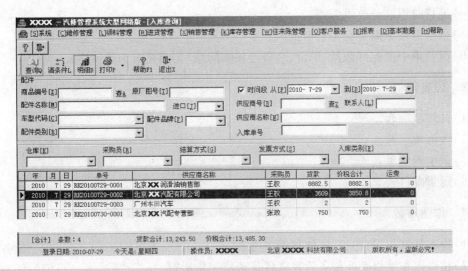

图7-24　入库查询

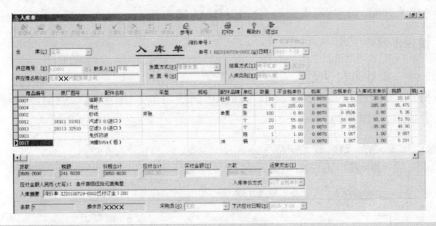

图7-25　入库单明细

项目3　采购退货单及查询

1　项目说明

对于一些长期合作的供应商，如果店内有其一些配件存在库存积压，可以将这些配件按照折旧后的价格或者原价退还给供应商，避免因库存积压造成的资金占用，而退还给供应商的过程需要制作采购退货单来冲减库存。

2　操作要求

（1）采购退货单需要从采购单中调入，不需要退货的配件需从单据中删除。
（2）采购退货单不能增加采购单中没有的配件。
（3）退货配件的数量不能大于采购单中的配件数量。

(4)退货时不能修改供应商。

(5)采购退货单需要有主管审批。

(6)退货单中的配件数量、单价、金额要按实际填写,并要求为数值格式。

3 设备器材

(1)计算机一台。

(2)入库单一张。

(3)采购退货单若干。

(4)退货配件若干。

4 作业准备

(1)检查计算机、打印机、网络是否正常。　　　　　　　　□ 任务完成

(2)检查汽车维修企业服务管理软件是否能正常运行。　　□ 任务完成

(3)检查退货配件是否与采购单配件相符,并由主管审批。□ 任务完成

(4)与相关方面(如主管、供应商、公司财务)沟通协调。　□ 任务完成

5 操作步骤

1)第一步　新建采购退货单

点击"进货管理"下的"采购退货单",在弹出的窗口上点击"新建",就可以新建一个空白的采购退货单,如图7-26所示。

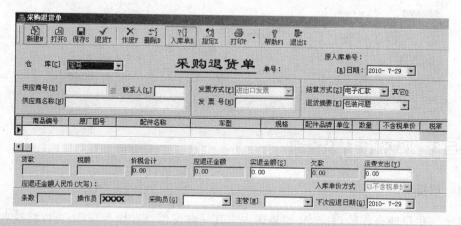

图7-26　空白采购退货单

点击菜单栏上的"入库单",即可打开入库单列表,把时间段适当调整一下,点击"查询",即可看到这段时间内的入库单列表,如图7-27所示。

选择需要退货的入库单并双击,或点击下面的"确定",即可把入库单信息添加到退货单里面,如图7-28所示。

2)第二步　删除配件信息/填写采购退货单

在采购退货单上面,选中"免拆药液",点击菜单栏的"删除",或点击鼠标右键在弹出的

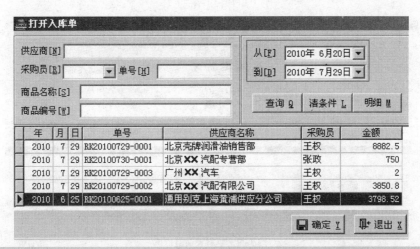

图 7-27　打开入库单列表

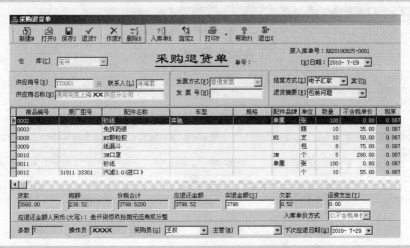

图 7-28　采购退货单——信息添加

窗口,点击"删除 D"。

弹出"真的要删除吗?"对话框后,点击"是",删除选择的配件信息,点击"否",不做任何操作,返回采购退货单。

可以按住键盘上的"Ctrl"键,选择多项配件信息;也可以在删除列表框里面选择"删除未选商品"进行反向删除;还可以选择"删除全部商品",删除全部配件信息。

注意:此处是采购退货单,删除的配件是不需要进行退货处理的。

在采购退货单上,填写上主管、实退金额以及退货数量,如图 7-29 所示。

3)第三步　保存并退货

填写完毕采购退货单后,点击菜单栏的"保存",即可保存填写的内容。点击"退货",即可完成退货操作,同时生成个退货单号,并且菜单栏的"保存"和"退货"成灰色,不可继续操作,如图 7-30 所示。

4)第四步　作废采购退货单

采购退货单作废是针对进行过保存过的单据操作。打开需要作废的单据,点击菜单栏

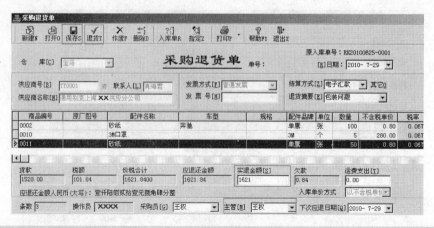

图 7-29 填写采购退货单

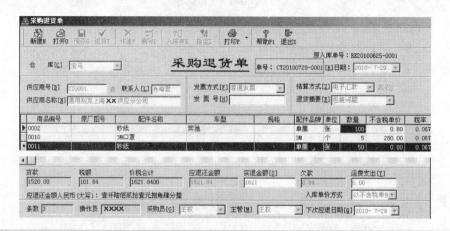

图 7-30 采购退货单——保存并退货

的"作废",如图 7-31 所示。

图 7-31 采购退货单——作废

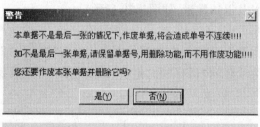

图 7-32 是否作废单据的警告窗口

弹出是否作废单据的警告后,点击"是",作废该单据;点击"否",返回入库单,不做任何操作,如图 7-32 所示。

5) 第五步 查询采购退货单

点击"进货管理"下的"采购退货单查询",弹出"采购退货查询"窗口后,点击"查询",即可看到采购退货单列表,如图 7-33 所示。

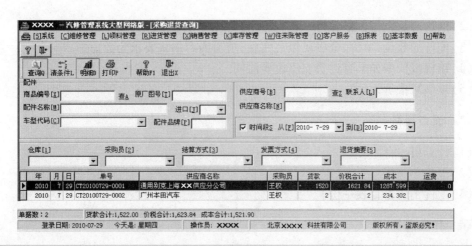

图 7-33 采购退货查询

选中需要查看明细的采购退货单,点击"明细",即可看到该单的详细信息,如图 7-34 所示。

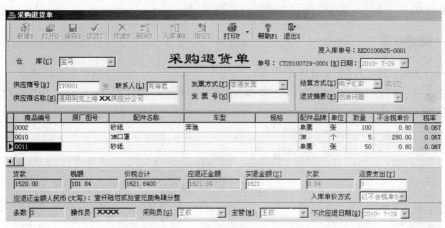

图 7-34 采购退货明细

项目 4　报价单及查询

1　项目说明

报价单与询价单类似,并不对实际账务产生影响,是应客户的需求,对店内的配件给出销售价格的一个过程。销售服务部门根据客户的提供的配件信息,将每种配件的销售价格记录到报价单上,最后将该报价单交予客户处理。通常,报价单会提供给单位或长期客户。报价单的价格要与公司的销售价格尽量统一,对于长期客户可以有相应的优惠,以提高竞争性。

2　操作要求

(1)报价时要正确选取客户信息。

(2)报价要与销售价格保持一致。
(3)配件的数量、单价、金额要填写完整,填写内容格式要求为数值形式。
(4)销售报价中如果有运费支出也要注明。
(5)须填写报价人。

3 设备器材

(1)计算机一台。
(2)报价单一张。
(3)配件销售价目表一份。

4 作业准备

(1)检查计算机、打印机、网络是否正常。　　　　　　　□ 任务完成
(2)检查汽车维修服务企业管理软件是否能正常运行。　　□ 任务完成
(3)了解常用配件的销售价格及优惠政策。　　　　　　　□ 任务完成
(4)与相关方面(如客户、配件销售员)沟通协调。　　　□ 任务完成

5 操作步骤

1)第一步　新建并填写销售报价单

点击"进货管理"下的"报价单",在弹出的"销售报价单"上,点击左上角"新建",弹出空白销售报价单,如图7-35所示。

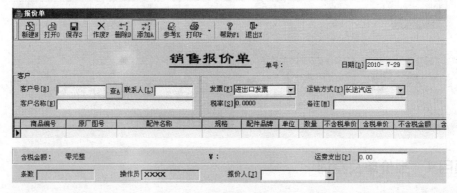

图7-35　空白销售报价单

点击"客户号"后面"查A",如图7-35所示,弹出"客户查询"窗口,点击"开始查询",即可看到客户信息列表,如图7-36所示。

选中需要的客户信息并双击,或点击下面的"确定Y",客户信息就会添加进来,如图7-37所示。

在配件信息空白处双击或点击菜单栏的"添加A",如图7-37所示,即可弹出配件查询窗口,如图7-38所示。

选中需要的配件信息双击或点击"选中添加到单据",添加完毕后,如图7-39所示。

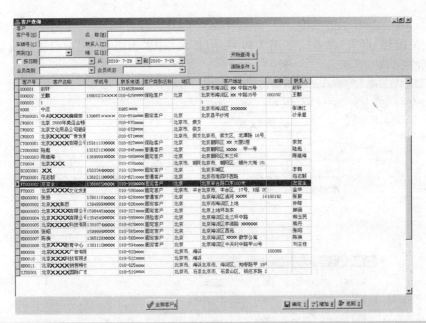

图 7-36　客户查询窗口

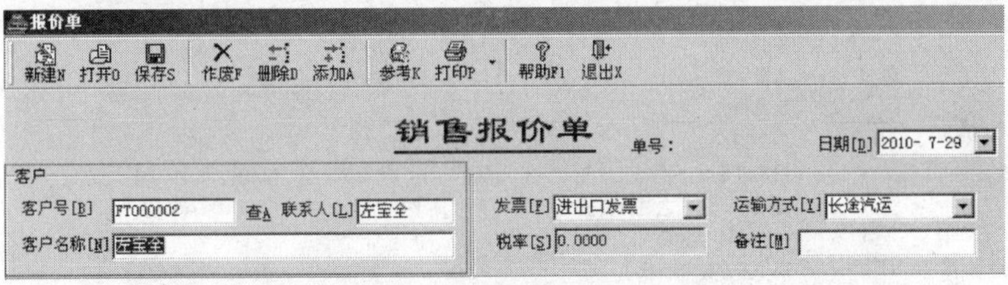

图 7-37　销售报价单——添加客户信息

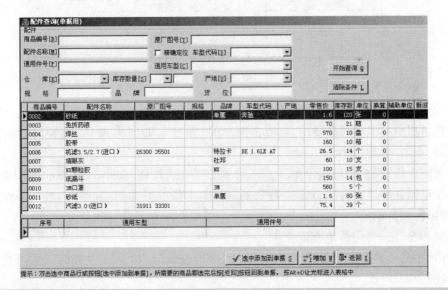

图 7-38　配件查询(单据用)

2)第二步 参考销售报价

选中某配件,点击"参考",如图7-39所示,即可根据"价格参考"窗口提示价格,进行价格选择,如图7-40所示。

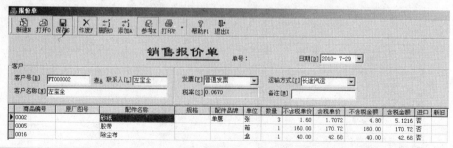

图7-39 销售报价单——添加配件信息

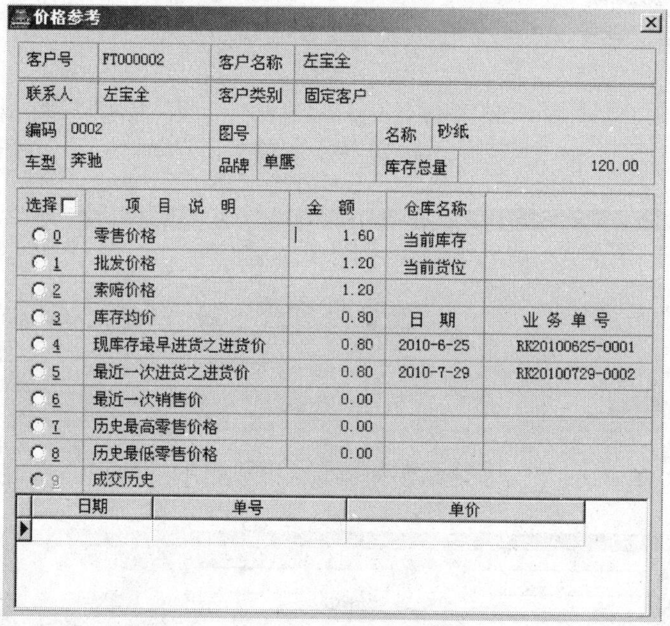

图7-40 价格参考窗口

3)第三步 保存/作废销售报价单

在销售报价单上填写必要信息,点击菜单的"保存",如图7-39所示,弹出"保存成功"提示框后,点击"确定"即可。

打开需要作废的"销售报价单",点击菜单的"作废"按钮,如图7-39所示,弹出"确定要作废本张单据并删除它吗?",点击"是",确定作废本张单据并删除;点击"否",不做任何操作,返回销售报价单。

4)第四步 销售报价单查询

点击"销售管理"下的"报价查询",弹出"报价查询"窗口,点击"查询",即可查看报价列表,如图7-41所示。

选择需要查看的报价信息,点击"明细",即可看到该报价单详细信息,如图7-42所示。

学习任务7　汽车配件进销存管理

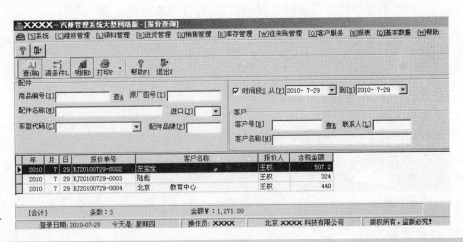

图 7-41　报价查询窗口

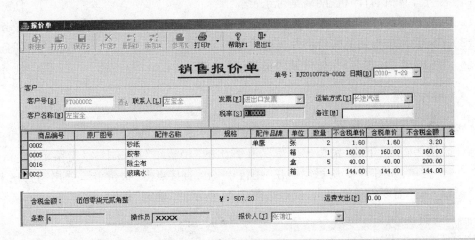

图 7-42　销售报价单明细

项目5　销售出库单及查询

1 项目说明

建立销售单时，可以通过客户的销售报价单转入销售单，也可以直接新建销售单。其过程最重要的是销售价格的确定，销售价格会直接影响到成交的可能性以及销售利润。制定合理价格是配件销售过程中最重要的步骤。

2 操作要求

（1）新建销售单时，如果客户有报价单，尽量采取调用报价单操作。
（2）销售时要明确出库仓库。
（3）销售配件的数量、单价、金额要填写，填写内容的格式要求为数值形式。

(4)按照实际情况填写发票类型及其他信息，保证出库金额正确。

(5)必须填写销售员。

③ 设备器材

(1)计算机一台。

(2)销售单一张。

(3)销售配件若干。

(4)发票、收据若干。

(5)现金若干。

(6)收银章一枚。

④ 作业准备

(1)检查计算机、打印机、网络是否正常。　　　　　　　　□ 任务完成

(2)检查汽车维修服务企业管理软件是否能正常运行。　　□ 任务完成

(3)了解常用配件的销售价格及优惠政策。　　　　　　　□ 任务完成

(4)与相关方面(如客户、配件销售员)沟通协调。　　　　□ 任务完成

⑤ 操作步骤

1)第一步　新建销售单/从报价单新建销售单

点击"销售管理"下的"销售出库单"，在弹出的"销售单"窗口上，点击菜单栏"新建"，建立空白销售单，如图7-43所示。或在"销售单"上，直接点击"报价单"，弹出"打开销售报价单"窗口，选择需要的单据双击，或点击图7-44所示的"确定"按钮。

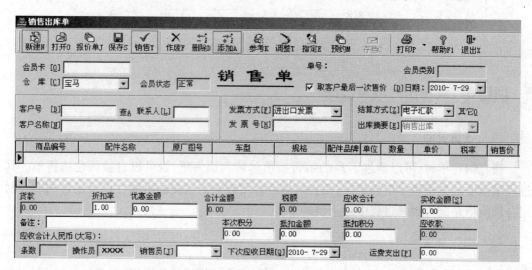

图7-43　空白销售单

添加后，销售单显示如图7-45所示。

学习任务7　汽车配件进销存管理

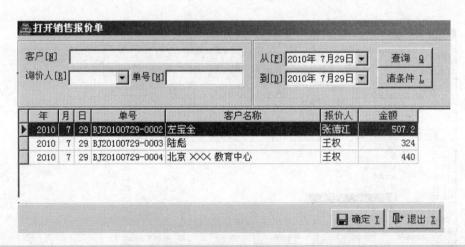

图7-44　打开销售报价单

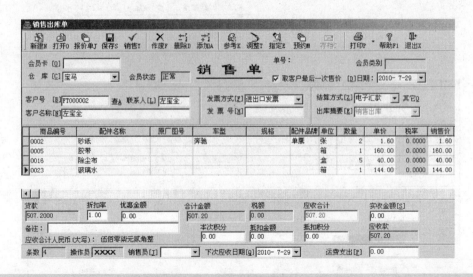

图7-45　销售单——从报价单建立

2）第二步　添加/删除销售配件

点击菜单栏的"添加"或双击销售单上的配件信息,弹出"配件查询"窗口,选中需要添加的配件信息并双击,或点击"选中添加到单据",如图7-46所示。

新添加的配件信息就会显示在销售单列表里面,如图7-47所示。

选中需要删除的配件"胶带",点击菜单栏的"删除"或选择该配件并点右键,在弹出的窗口上,点击"删除"。弹出"真的要删除吗?"提示框后,点击"是",删除该配件信息;点击"否",不做任何操作,返回销售单。

3）第三步　销售配件参考/调整

选中需要参考的配件,点击菜单的"参考",或点击右键,如图7-46所示,点击"参考"即可弹出该配件价格参考窗口,如图7-48所示。

选中需要参考的配件,点击菜单的"调整",即可弹出该配件价格调整窗口,如图7-49所示。

163

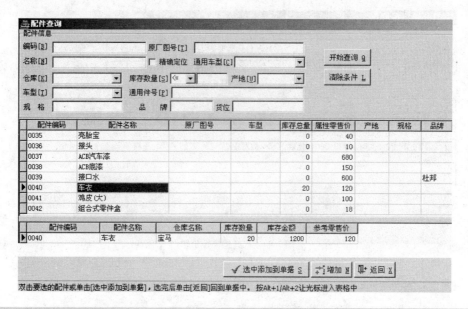

图 7-46　配件查询窗口

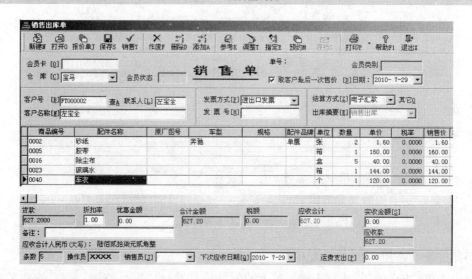

图 7-47　销售单——添加配件信息

价格调整包括：不含税单价、含税单价、货款、价税合计四个方面，可根据自己需要进行调整。

4）第四步　填写销售单信息

在填写销售单上填写上销售员、发票方式、结算方式、实收金额等信息，如图7-50所示。

5）第五步　保存并销售销售单

销售单填写完成后，单击菜单栏的"保存"，即可保存添加的信息，点击菜单栏的"销售"，即可完成销售操作，同时生成销售单号，如图7-50所示。

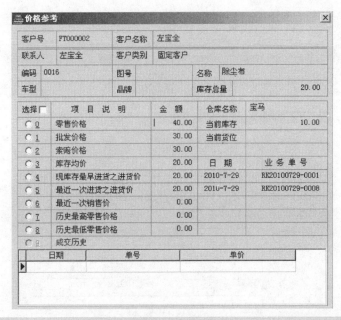

图 7-48 价格参考

6）第六步 销售预约

在空白销售单上，点击菜单栏的"预约"，弹出"预约管理"窗口，如图 7-51 所示。

点击预约管理上的"新增"，在新增预约管理窗口，点击"查A"，添加预约客户信息；点击"查Z"，添加预约配件信息（具体添加方法，可以参考客户选择和配件增加操作）。

添加上预约数量2，点击"确定"即可，如图 7-52 所示。

弹出"数据写入成功！"同时框，点击"确定"即可。预约登记成功后，预约信息显示如图 7-53 所示。

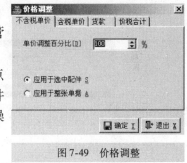

图 7-49 价格调整

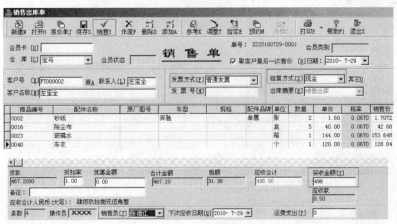

图 7-50 销售单——填写销售单信息

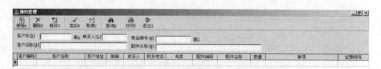

图 7-51 预约管理

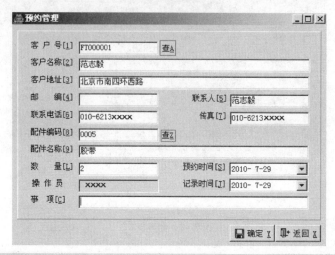

图 7-52 填写预约管理

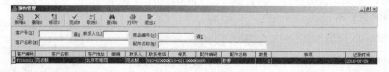

图 7-53 销售预约信息显示

7) 第七步 销售查询

点击"销售管理"下的"销售查询",弹出"销售查询"窗口后,点击"查询",即可看到销售单的列表,如图 7-54 所示。

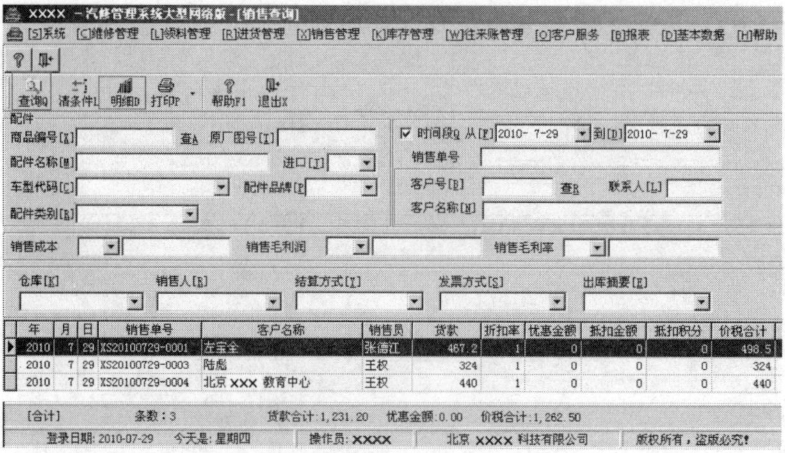

图 7-54 销售查询

选中需要查看明细的单据,点击"明细",即可看到该单据详细信息,如图7-55所示。

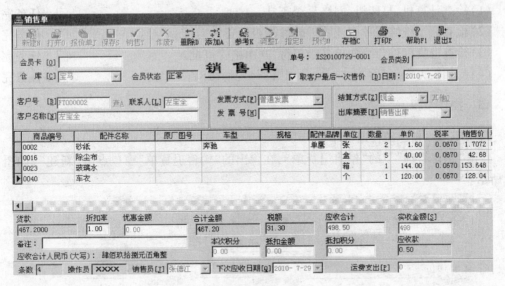

图7-55 销售单明细

项目6 销售退货单及查询

1 项目说明

由于销售配件的质量问题,或者客户采购出现问题等特殊原因需要将已经销售出去的配件退回店内,此时需要销售员联系部门负责人,由部门负责人批准后,销售员核对原销售单据对已销售配件进行退库处理。

2 操作要求

(1)销售退货单须从销售单中调用。
(2)销售退货单不能增加销售单中没有的配件。
(3)退货配件的数量不能大于销售单中的配件数量。
(4)退货配件的数量、单价、金额须填写,填写内容要求为数值格式。
(5)退货单需有主管签字,须填写退货人。

3 设备器材

(1)计算机一台。
(2)销售单一张。
(3)销售退货单若干。
(4)现金若干。
(5)退货配件若干。

4 作业准备

(1)检查计算机、打印机、网络是否正常。　　　　　　　　□ 任务完成
(2)检查汽车维修服务企业管理软件是否能正常运行。　　　□ 任务完成
(3)检查退货配件与采购单是否相符,并由主管审批。　　　□ 任务完成
(4)与相关方面(如客户、主管、公司财务)沟通协调。　　　□ 任务完成

5 操作步骤

1)第一步　新建销售退货单

点击"销售管理"下的"销售退货单",在弹出的"销售退货单"窗口点击"新建",如图7-56所示。

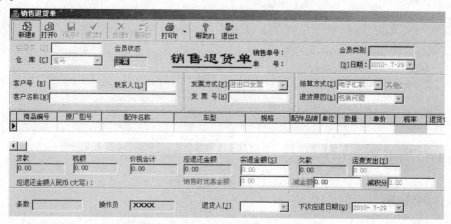

图7-56　新建销售退货单

此时,就可以打开销售单列表,选择需要退货的销售单并双击,或点击下面的"确定",如图7-57所示。

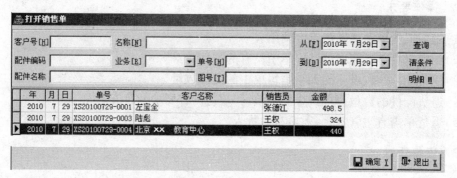

图7-57　打开销售单

这样就可把销售单信息添加到退货单里面,如图7-58所示。

2)第二步　删除配件信息/填写销售退货单

在销售退货单上面,选中"胶带",点击菜单栏的"删除",或点击鼠标右键在弹出的窗

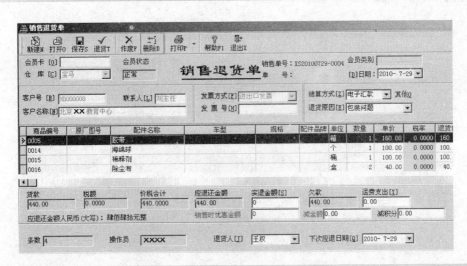

图 7-58 销售退货单

口,点击"删除"。

弹出"真的要删除吗?"对话框后,点击"是",删除选择的配件信息;点击"否",不做任何操作,返回销售退货单。

可以按住键盘上的"Ctrl"键,选择多项配件信息;也可以在删除列表框里面选择"删除未选商品"进行反向删除;还可以选择"删除全部商品",删除全部配件信息。

注意:此处是销售退货单,删除的配件是不需要进行退货处理的。

在销售退货单上,填写上退货人、实退金额以及退货数量,如图 7-59 所示。

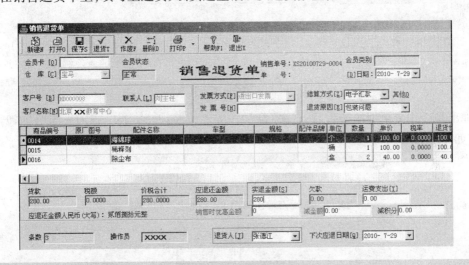

图 7-59 填写销售退货单

3) 第三步 保存并退货

填写完销售退货单后,点击菜单栏的"保存",即可保存填写的内容。点击"退货",即可完成退货操作,同时生成个退货单号,并且菜单栏的"保存"和"退货"成灰色,不可继续操作,如图 7-60 所示。

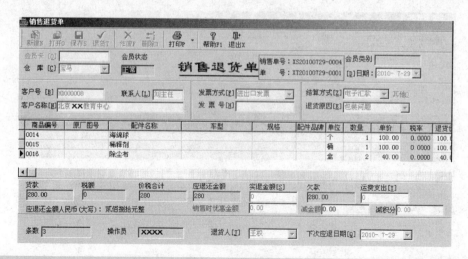

图 7-60 采购退货单

4) 第四步 作废销售退货单

销售退货单作废是针对已保存的单据操作。打开需要作废的单据,点击菜单栏的"作废",如图 7-61 所示。

图 7-61 销售退货单-作废

弹出是否作废单据的警告后,点击"是",作废该单据;点击"否",返回入库单,不做任何操作,如图 7-62 所示。

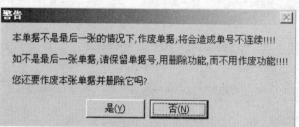

图 7-62 是否作废单据的警告窗口

5) 第五步 查询销售退货单

点击"销售管理"下的"销售退货查询",弹出"销售退货查询"窗口后,点击"查询",即可看到销售退货单列表,如图 7-63 所示。

学习任务 7　汽车配件进销存管理

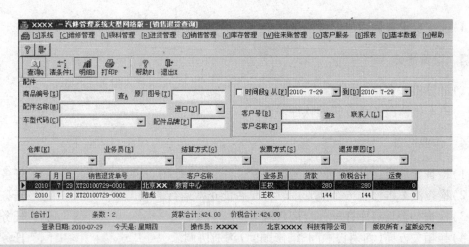

图 7-63　销售退货查询

选中需要查看明细的销售退货单，点击"明细"，即可看到该单的详细信息，如图 7-64 所示。

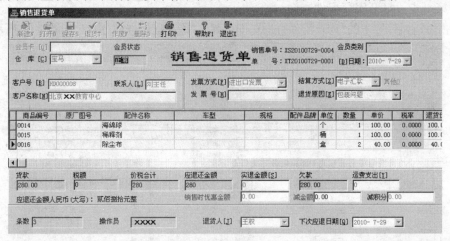

图 7-64　销售退货明细

项目 7　库存配件查询

1　项目说明

通过库存配件查询可以查看系统所有配件数量、金额以及各个分库的库存数量和金额。对于成本计价方式为"先进先出"的账套来说，还可以查询到每个配件剩余的数量和金额。库存配件查询对于库存管理起着非常重要的作用。

2　操作要求

（1）能有针对性地查询个别配件的库存信息。
（2）可按分库查询配件信息。
（3）能查询单个配件的批次信息。

(4)能按要求查询筛选配件信息。

3 设备器材

(1)计算机一台。
(2)汽车维修服务企业管理软件一套。

4 作业准备

(1)检查计算机、打印机、网络是否正常。　　　　　　　　　　□ 任务完成
(2)检查汽车维修服务企业管理软件是否能正常运行。　　　　□ 任务完成
(3)检查是否具有库存配件查询权限。　　　　　　　　　　　　□ 任务完成
(4)与相关方面(如销售顾问、维修顾问)沟通协调。　　　　　　□ 任务完成

5 操作步骤

1)第一步　打开库存配件查询

点击"库存管理"下的"库存配件查询",即可弹出"库存配件查询"窗口,如图7-65所示。

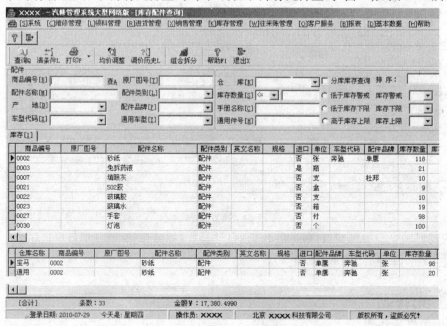

图7-65　库存配件查询

2)第二步　查询单个配件库存信息

在"商品编码"处,输入需要查询的配件编码0002,点击"查询",配件信息就可以看到该配件具体信息,如图7-66所示。

3)第三步　按分库查询配件信息

在"仓库"处,选择需要查询的仓库"宝马",并且把后面的"分库库存查询"勾选上,点击"查询",库存配件就会显示"宝马"仓库的所有配件信息,如图7-67所示。

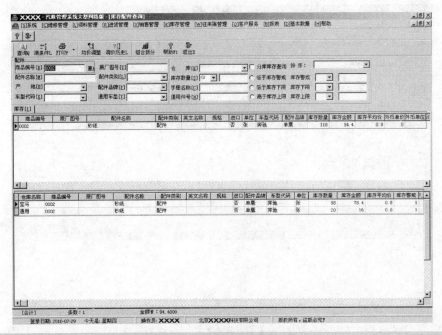

图7-66 查询个别配件库存信息

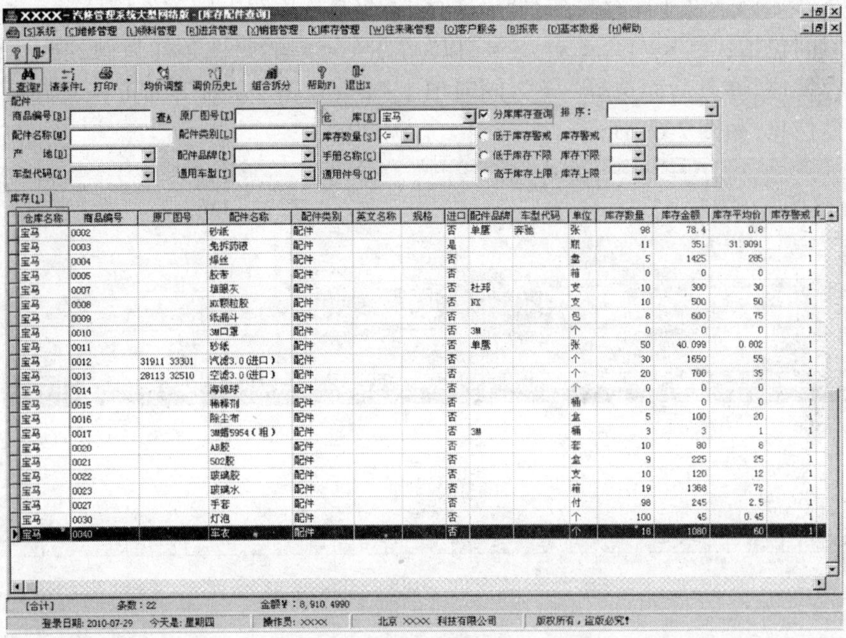

图7-67 宝马仓库的配件信息

4)第四步 按库存数量查询配件信息

库存数量查询条件包括：=、<、>、<=、>=、<>，可以根据自己需求进行查询，以"大于10(>10)"为例，在"库存数量"后面选择">"，同时填上"10"，点击"查询"，即可查看到数量大于10的所有配件信息，如图7-68所示。

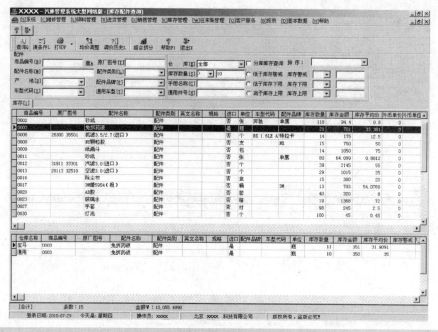

图 7-68　查询库存数量大于 10 的配件信息

5）第五步　筛选低于库存警戒/低于库存下限/高于库存上限配件信息

筛选时间包括：=、<、>、<=、>=，以"等于（=）"的筛选条件为例，选中"低于库存警戒　库存警戒"在其后面选择"="，同时填上"1"，点击"查询"，即可查看到低于警戒 1 的所有配件信息，如图 7-69 所示。

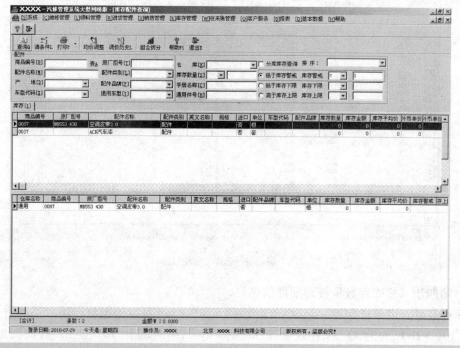

图 7-69　低于库存警戒 1 的配件信息

选中"低于库存下限　库存下限"在其后面选择"＝",同时填上"3",点击"查询",即可查看到低于下限 3 的所有配件信息,如图 7-70 所示。

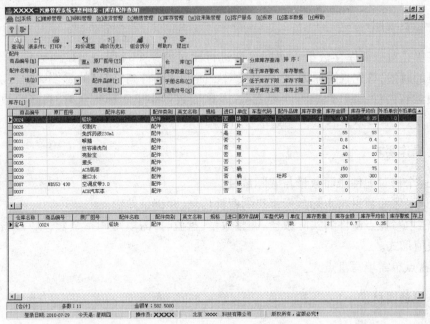

图 7-70　低于库存下限 3 的配件信息

选中"高于库存上限　库存上限"在其后面选择"＝",同时填上"99",点击"查询",即可查看到高于上限 99 的所有配件信息,如图 7-71 所示。

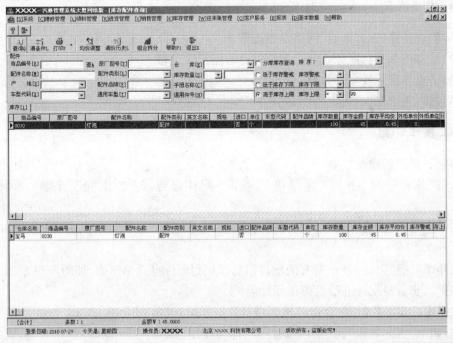

图 7-71　高于库存上限 99 的配件信息

项目8　盘点单及查询

1　项目说明

盘点单是对账面库存数量与实际库存进行比对的一个过程。当账面数量与实际库存数量不符的时候,首先查明原因,然后需要对账面数量进行调整,目的是使账面与实际数量相符。通常有两种盘点方法:一个是盘盈,及账面数量小于实际数量时,将账面数量增加;一个是盘亏,及账面数量大于实际数量时,将账面数量减少。

2　操作要求

(1)逐个核对配件账面数量与实际数量。
(2)记录账面数量与实际数量不符的配件信息,并记录差额。
(3)需填写盘点配件的实际数量、调整数量;盘盈时,需填写调整金额,填写内容的格式要求为数值形式。
(4)盘点单需填写盘点人。

3　设备器材

(1)计算机一台。
(2)盘点单一张。
(3)盘点配件若干。

4　作业准备

(1)检查计算机、打印机、网络是否正常。　　　　　　□　任务完成
(2)检查汽车维修服务企业管理软件是否能正常运行。　□　任务完成
(3)清点库房配件实际数量。　　　　　　　　　　　　□　任务完成
(4)核对系统账面数量。　　　　　　　　　　　　　　□　任务完成

5　操作步骤

1)第一步　新建盘点单

点击"库存管理"下的"盘点单",点击"配件盘点单"左上角"新建",如图 7-72所示。

在弹出"新建盘点"的窗口,选择需要盘点的仓库名字"宝马"库,点击"确定",如图7-73所示。

这样即可把"宝马"仓库所有的配件信息添加到配件盘点单里面,如图 7-74 所示。

2)第二步　对配件进行盘盈盘亏处理

根据库存实际数量,在盘点单里面进行数据添加,如果"实际数量"比"账面数量"多,即为盘盈;如果"实际数量"比"账面数量"少,即为盘亏,如图 7-75 所示。

3)第三步　填写盘点信息保存并盘点

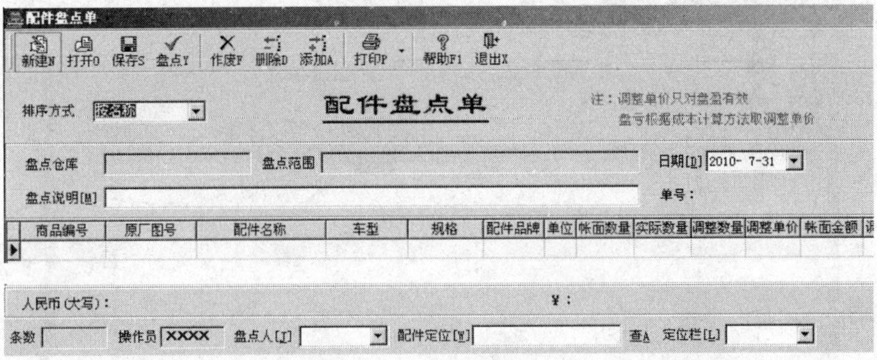

学习任务7 汽车配件进销存管理

图 7-72　新建配件盘点单

填写上盘点人"张政",点击菜单栏的"保存",即可保存当前的修改过的数据,点击"盘点",即可完成盘点工作,同时生成一个单号,如图 7-76 所示。

4)第四步　作废盘点单

作废盘点单,主要是针对已保存过的盘点单操作。打开需要作废的盘点单,点击菜单栏的"作废",如图 7-77 所示。

弹出是否作废单据的警告后,点击"是",作废该单据;点击"否",返回配件盘点单,不做任何操作,如图 7-78 所示。

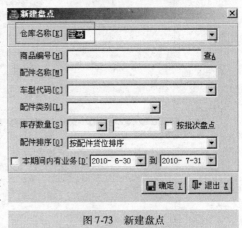

图 7-73　新建盘点

图 7-74　添加盘点的配件信息

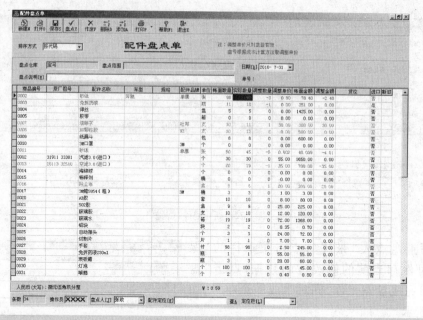

图 7-75 盘亏盘盈处理

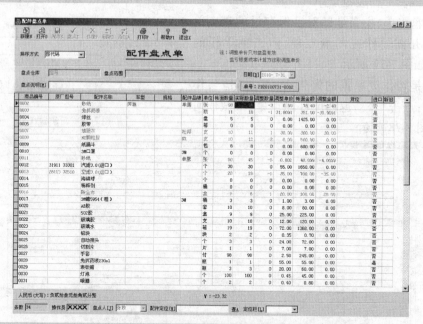

图 7-76 配件盘点单

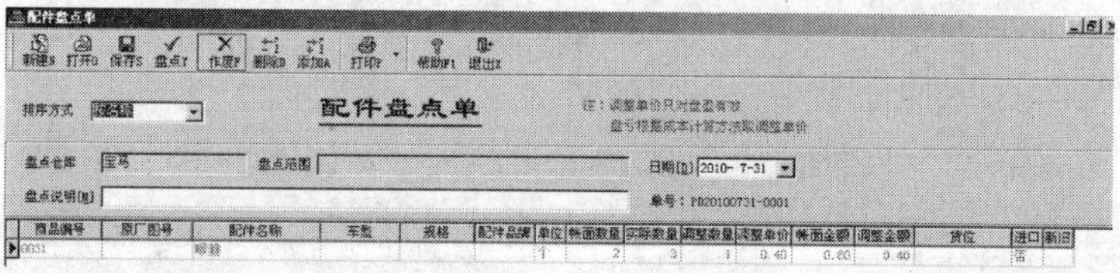

图 7-77 配件盘点单——作废

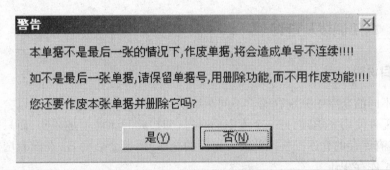

图7-78 是否作废单据的警告窗口

5）第五步 盘点单查询

点击"库存管理"下的"盘点单查询"，弹出"商品盘点单查询"窗口后，点击"查询"，即可看到盘点单的列表，如图7-79所示。

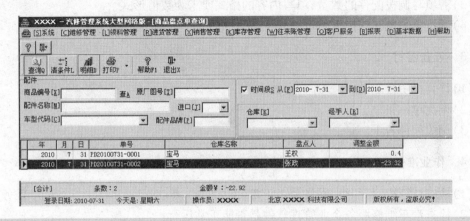

图7-79 商品盘点单查询

选中需要查看明细的单据，点击"明细"，即可看到该单据详细信息，如图7-80所示。

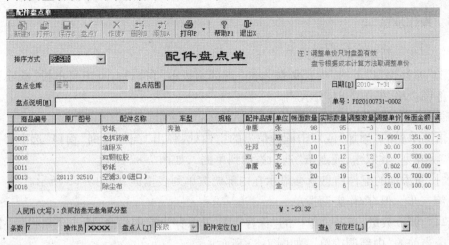

图7-80 配件盘点单明细

项目9　内部调拨及查询

1　项目说明

在店内不同的仓库中分别存储着不同车型使用的配件,有些配件是可以公用的。当一个仓库中的配件使用完毕,而另一个库中仍有库存时,此时无需增加采购,而只需进行一个内部调拨,将有库存的仓库配件调往需要出库的仓库,而整个店而言,在没有增加成本支出的同时减少了库存积压。

2　操作要求

(1)明确调入仓库与调出仓库,制作调拨单时需注意填写位置。
(2)调拨配件的成本金额随着调拨出入库,不能发生变化。
(3)需填写调拨配件的数量,填写内容的格式要求为数值形式。
(4)调拨单需填写调拨人。

3　设备器材

(1)计算机一台。
(2)调拨单一张。
(3)调拨配件若干。

4　作业准备

(1)检查计算机、打印机、网络是否正常。　　　　　　　　□　任务完成
(2)检查汽车维修服务企业管理软件是否能正常运行。　　□　任务完成
(3)了解各个仓库配件的使用情况,根据需要进行调拨。　□　任务完成
(4)与相关方面(如各分库管理员、公司财务)沟通协调。　□　任务完成

5　操作步骤

1)第一步　新建并填写调拨单

点击"库存管理"下的"内部调拨",在"内部调拨单"窗口后,点击菜单栏"新建",建立空白内部调拨单,如图7-81所示。

2)第二步　添加/删除调拨配件

点击菜单栏的"添加"或双击配件信息的空白处,弹出"配件查询"窗口,选中需要添加的配件"火花塞"并双击,或点击"选中添加到单据",如图7-82所示。

此时,新添加的配件信息就会显示在内部调拨单列表里面,如图7-83所示。

3)第三步　保存/作废调拨单

填写上调拨数量,点击菜单栏的"保存",即可保存当前的信息;点击菜单栏的"作废",即可作废当前的"内部调拨单",如图7-83所示。

弹出是否作废单据的警告后,点击"是",作废该单据;点击"否",返回入库单,不做任何

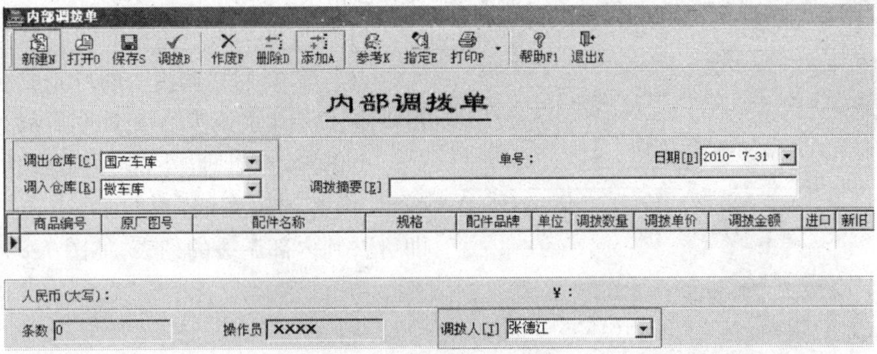

图 7-81 填写内部调拨单

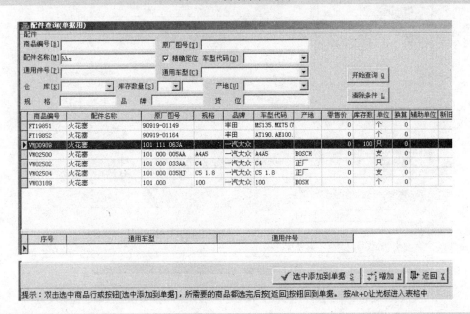

图 7-82 配件查询窗口

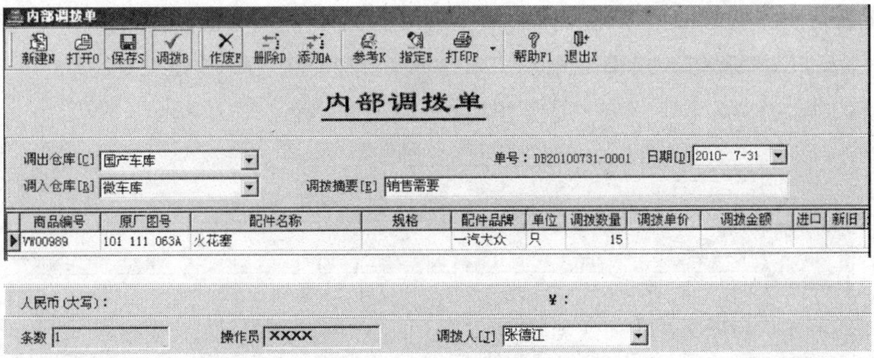

图 7-83 内部调拨单——添加调拨配件信息

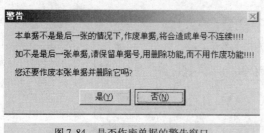

图7-84 是否作废单据的警告窗口

操作,如图7-84所示。

4）第四步 调拨并查询调拨单

点击菜单栏的"调拨",即可完成配件的调拨操作,提示生成调拨单号,如图7-85所示。

点击"库存管理"下的"内部调拨查询",弹出"内部调拨查询"窗口后,点击"查询",即可看到内部调拨的列表,如图7-86所示。

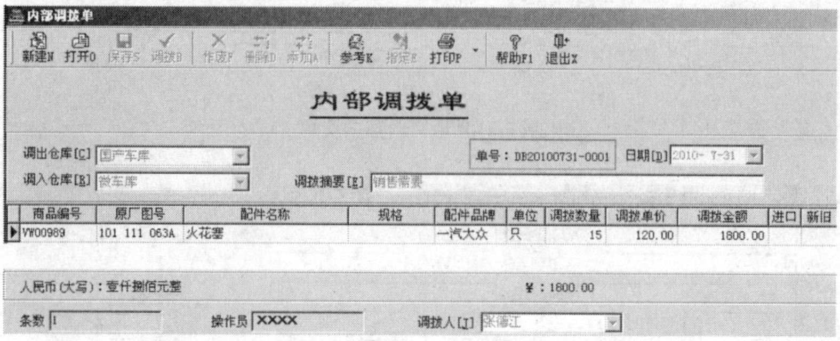

图7-85 内部调拨单

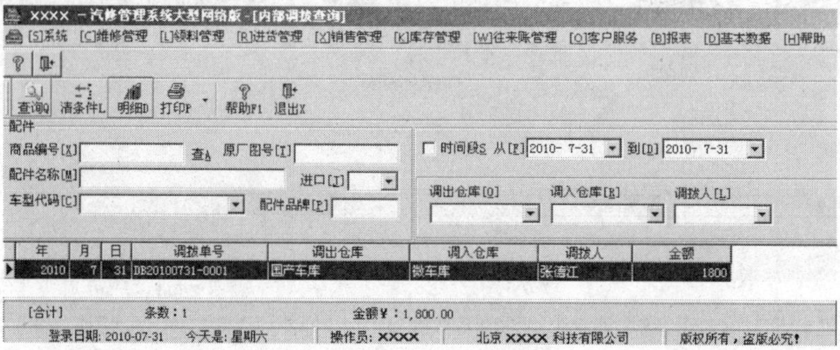

图7-86 内部调拨查询

选中需要查看明细的单据,点击"明细",即可看到该单据详细信息,如图7-87所示。

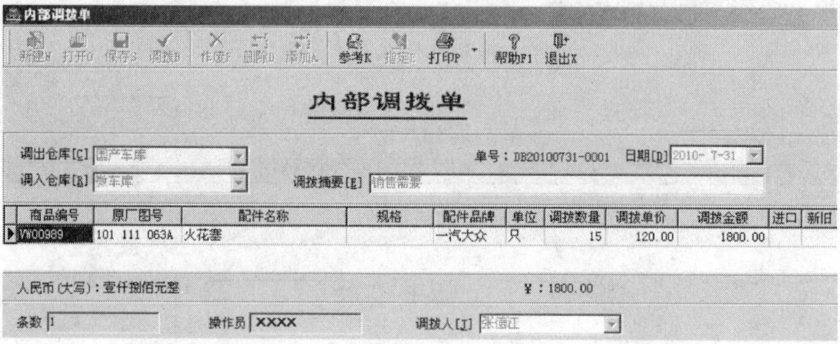

图7-87 内部调拨单明细

项目10　货位维护

1　项目说明

对于大型汽车维修企业、4S 店来说,库房备料种类以及数量常常是比较多的,对于如此庞大的备料管理就需要库管员记住每种备料存储位置。因此对于库房管理来说,通过软件系统帮助管理人员记忆这些备料位置是十分必要的。货位维护就是将各个分库的配件通过计算机软件进行分配管理并记忆的过程,库管员如果不记得某个配件的摆放位置,通过货位维护的查询就可以知道配件在库房中的存放位置了。

2　操作要求

(1)货位维护需要按照分库进行维护。
(2)每个分库的每个配件只能有一个货位编号。
(3)修改货位后,配件的摆放位置也要相应的调整,以免造成货位与实际位置不符。
(4)配件进货时注意新配件的货位编号,需及时添加,以免造成货位丢失。

3　设备器材

(1)计算机一台。
(2)货位登记表。
(3)配件若干。
(4)配件架及货位编码若干。

4　作业准备

(1)检查计算机、打印机、网络是否正常。　　　　　　　　□ 任务完成
(2)检查汽车维修服务企业管理软件是否能正常运行。　　　□ 任务完成
(3)为每个货位架分配货位编号,配件摆放时与货位编号一一对应。　□ 任务完成

5　操作步骤

1)第一步　打开货位维护并查询分库配件

点击"库存管理"下的"货位维护",弹出"配件货位维护"窗口后,点击"查询",即可看到"通用"仓库的配件列表,如图 7-88 所示。

2)第二步　分配货位号

选中需要进行维护的配件信息,在下面的"新货位"输入上货位号,点击"确定",如图 7-88 所示。添加完毕后,货位显示如图 7-89 所示。

3)第三步　查询配件货位

打开货位维护,如图 7-88 所示,选择仓库名字,例如"通用"库,点击查询,配件货位就会显示出来,如图 7-89 所示。

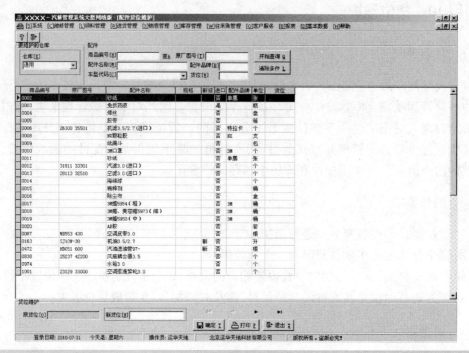

图7-88 配件货位维护

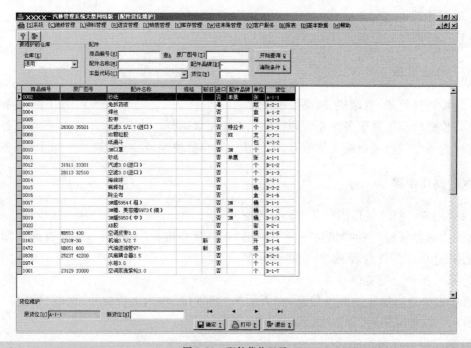

图7-89 配件货位显示

三、学习评价

1 理论考核

1）选择题

(1) 订货询价单中描述错误的是(　　)。
　　A. 订货询价单中的订金是可以退的
　　B. 订货询价单中的订金要计入往来账的
　　C. 订货询价单中的配件在入库单中不能修改
　　D. 订货询价单中的配件价格在入库单中可以修改

(2) 采购入库单中的应付合计不包括哪项?(　　)
　　A. 货款　　B. 运费　　C. 税费　　D. 以上都包括

(3) 采购退货单描述正确的是(　　)。
　　A. 采购退货单中可以任意选择供应商
　　B. 采购退货单中可以任意选择退货配件
　　C. 采购退货单中可以任意添加配件数量
　　D. 采购退货单中需从入库单中进行退货

(4) 销售报价描述错误的是(　　)。
　　A. 销售报价单中的报价就是最终售价
　　B. 销售报价单中的报价不是最终售价
　　C. 销售报价单中的发票与销售单中的发票类型可以不同
　　D. 销售报价单中的运输方式及运费可以与销售单中的不同

(5) 销售出库单描述错误的是(　　)。
　　A. 销售出库单可以通过报价单制作
　　B. 销售出库单中的售价与系统参数设置有关
　　C. 销售出库单中的优惠价格不可以任意修改
　　D. 销售出库单中的运费支出会计入客户往来账

(6) 销售单中有 A、B、C 三种配件,销售退货单须退 A 配件,关于退货描述正确的是(　　)。
　　A. 点击 B/C 配件,选择"删除未选项",保留需退货配件
　　B. 点击 B/C 配件,选择"删除"项,保留需退货配件
　　C. 点击 A 配件,选择"删除"项,保留需退货配件
　　D. 以上都不正确

(7) 对调拨单描述正确的是(　　)。
　　A. 调出仓库和调入仓库可以是同一个仓库
　　B. 调出仓库和调入仓库可以进行不等价调拨
　　C. 调拨单会使库存总量发生变化

D. 调出仓库的库存数量会减少,调入仓库的库存数量会增加

(8)盘点单中可以不能进行哪项操作?( )

    A. 只盘点成本   B. 只盘点数量   C. 盘盈数量   D. 盘亏数量

(9)下列哪项不在出入库汇总表查询条件中?( )

    A. 库存数量

    B. 库存金额

    C. 只显示符合条件的有业务发生的配件

    D. 显示库存中所有不符合条件的统计结果

(10)货位维护描述正确的是( )。

    A. 同一个配件在同一仓库只能有一个货位

    B. 不同仓库中的配件货位可以不同

    C. 不同配件在同一仓库可以有同一个货位

    D. 以上都正确

2)思考题

结合系统维护中的"入库时销售价处理方法"与销售单中"取客户最后一次售价",思考:不同价格模式,销售价格如何变化?如何选择合理的销售价?为什么?

2 技能考核

1)项目1

完成订货、采购、采购退货流程并查询,最后进行库存及出入库汇总台账查询。单据信息如表7-1所示。

项目1 单据信息表   表7-1

订货询价单	询价供应商:北京××商贸有限公司 发票:增值税发票 运输方式:市内运输 运费:10元 询价配件:0022 玻璃胶 10 支;0023 玻璃水 10 箱
采购入库单	采购供应商:北京××商贸有限公司 发票:增值税发票。发票号:0927129 运输方式:市内运输 运费:10元 采购配件:0022 玻璃胶 10 支;0023 玻璃水 10 箱
采购退货单	退货供应商:北京××商贸有限公司 发票:增值税发票 运输方式:市内运输 运费:0元 退货配件:0023 玻璃水 5 箱 主管:王权

学习任务7 汽车配件进销存管理

2)项目2

完成报价、销售、销售退货流程并查询,最后进行库存机出入库汇总台账查询。单据信息如表7-2所示。

项目2单据信息表　　　　　　　　　　　　　　　　　　　　　表7-2

销售报价单	报价客户:陆彪 发票:增值税发票 运输方式:自提 报价配件:0023 玻璃水 3 箱
销售出库单	销售客户:陆彪 发票:增值税发票 运输方式:自提 销售配件:0023 玻璃水 3 箱
销售退货单	退货客户:陆彪 发票:增值税发票 运输方式:自提 退货配件:0023 玻璃水 1 箱

汽车配件进销存操作项目评分表如表7-3所示。

汽车配件进销存操作项目评分表　　　　　　　　　　　　　　　表7-3

基本信息	姓 名		学号		班级		组别	
	规定时间		完成时间		考核日期		总评成绩	

	序号	考核项目	标准分(总分100分)	考核标准	评分
任务工单	1	考核准备: 工具: 设备:	5		
	2	订货询价单及查询	5	询价供应商错误扣1分,询价配件每错一项扣1分,其他信息每错误一项扣1分	
	3	采购单及查询	10	采购供应商错误扣2分,询价配件每错误一项扣2分,其他信息每错一项扣1分	
	4	采购退货及查询	10	采购退货配件每错误一项扣5分,其他信息每错一项扣2分	
	5	货位维护及查询	5	配件仓库错误扣2分,配件货位错误扣3分	
	6	库存配件查询	5	未按要求查询配件信息扣5分	

续上表

	序号	考核项目	标准分（总分100分）	考核标准	评分
任务工单	7	销售报价单及查询	5	报价客户错误扣1分,报价配件每错一项扣1分,其他信息每错误一项扣1分	
	8	销售出库单及查询	10	销售客户错误扣2分,销售配件每错一项扣2分,其他信息每错误一项扣1分	
	9	销售退货单及查询	10	销售退货配件每错一项扣2分,其他信息每错一项扣1分	
	10	调拨单及查询	10	调拨仓库错误扣3分,调拨配件每错一项扣1分	
	12	盘点单及查询	10	盘点仓库错误扣3分,盘点配件每错误一项扣2分,其他信息每错一项扣1分	
5S			5		
团队协作			5		
沟通表达			5		

学习任务8 信息查询和统计

工作情境描述

2010年7月31日上午,财务部的潘龙要对当月的营业情况进行查询汇总,出具汇总表格上交公司,于是他运用汽车维修服务企业管理系统的查询统计功能,制作生成了一系列统计表格,交到总经理处。

学习目标

1. 能够运用系统进行各种信息的查询和增删改;
2. 能够运用系统进行服务历史的查询和统计;
3. 能够运用系统进行经营情况的统计。

学习时间

4学时。

学习引导

本学习任务沿着以下脉络进行学习:

教学组织建议

学生两人一组(教师可根据实训条件自行安排分组人数),一人进行软件操作,另一人对其操作过程进行记录与分析,完成后,这两名学生交换角色练习,教师对全过程进行把控。

一、知识准备

1 汽车配件信息统计分析

1）配件销售情况统计

（1）按配件统计：按具体某一配件某时间段内的销售情况进行统计。在配件信息中输入某配件的信息，那么将可以查询该配件在指定时间段内的销售信息。需要强调的是，在一般的管理系统统计功能里，有很多可选择的条件，使用者应该根据实际情况，选择合适的条件进行组合查询统计。

这里统计的配件销售信息包括销售数量、销售金额（不含税）、销售金额（含税）、销售成本、退货数量、退货金额（不含税）、退货金额（含税）、退货成本、销售净数量、销售净金额、销售净成本、毛利润等。其中销售（包括销退）数量、金额和成本，都是根据业务记录中的明细得来的。销售部分的内容统计可以和销售查询的统计进行比对。

（2）按客户统计：按具体客户统计配件的销售情况。其统计对象是销售客户，该表会列出指定时间段内，所有客户的销售情况。每一个客户购买数量、金额，退货数量、金额以及净数量和金额都会显示在这个报表中。通过该报表，还可以根据客户的销售额、毛利润等指标进行排序。

（3）按配件销售员统计：该表可以将当期有销售业绩的配件销售员的销售情况进行统计，并列出每个销售员的销售金额、数量，以及销售退货金额及数量；可以根据不同的排序规则，分析销售业务员的业务水平，有助于管理者实施奖励。

2）配件进货情况统计

（1）按配件统计：按配件统计进货情况，可以看到当期配件的进货情况，包括入库、退货以及净数量等。

（2）按供应商统计：按供应商统计进货情况，可以看到当期全部有进货业务的供应商的进货情况，包括进货金额、数量，退货金额、数量以及净金额和净数量。若要具体了解每个供应商处的进货明细，可以通过"进货台账"进行查询。

3）配件出库情况统计

按配件统计出库情况与按配件统计销售情况不同，其统计的内容包括所有出库项目：销售出库、领料出库、调拨出库、盘点出库、采购退货，等等。其中领料出库又包含四种收费类别的统计：自费、保险、索赔和免费。

2 汽修管理信息统计与查询

1）营业报表统计

系统中的"营业报表"功能组包括营业日报表、营业周报表、营业月报表和自定义时间段营业报表（简称营业报表）。营业报表的内容分为三大部分，上部是配件的出入库成本，中部是已经正式结算的营业额统计，下部是已经正式结算的营业额成本以及利润。

（1）出入库成本统计：在配件的出入库成本中，凡是当期有过出入库记录的配件，无论所在业务单据是否正式结算,都会记入该部分进行统计。出入库业务包括:采购、调拨、盘点、维修用料、内部用料以及销售。其中,采购包括:采购入库以及采购退货;调拨包括:调拨出库以及调拨入库;盘点包括:盘盈入库以及盘亏出库;维修用料包括:维修领料以及维修退料;内部用料包括:内部领料以及内部退料;销售包括:销售出库以及销售退货。上述业务发生时,系统会随着配件的出入库,自动在报表中进行统计。因此本表中的成本记录非常完整而且真实有效。

(2)营业额统计:只统计当期已经结算的业务单据,包括配件销售业务、配件采购退货、维修结算、保险确认单、索赔确认单。对于销售业务,一般是销售的同时就进行结算了,因此可以通过销售查询界面与营业报表中的销售额统计进行比对。

配件的采购退货是另一种意义上的销售。采购退货的客户就是供应商,其采购退货金额是一种收入。虽然大部分情况下该收入金额等于退货出库的成本,但本质意义是不同的,而且采购退货收回的金额也不一定等于出库成本。因此,采购退货会产生收入、成本,也可能产生盈亏。

维修结算统计的单据是在维修结束后已经进行结算收款的业务单据。凡是已经结算收款的业务,都将统计到营业额中;而还没有结算收款的维修单,由于无法确定单据的最终应收金额,具有不确定性,因此其营业额和出库成本都不计入报表。

对于保险理赔单和三包索赔单,报表只统计其中已经确认的单据。因为在真正确认之前,无法确定其营业额和成本,当然就无法统计了。

(3)营业成本以及利润统计:已经正式结算部分的营业收入中,所包含的配件成本,包括配件销售成本、维修领料成本、其他成本、索赔成本、领料成本、采购退货成本等。其中,其他成本包括:内部领料净成本、盘点净成本和调拨净成本三部分。本期毛利润是指营业净额减去本期消耗成本金额的差值。

(4)资产变动:包括盘点和货值调整带来的仓库成本变动。其中,货值调整是一个很不常用的功能。特殊情况下将库中的配件按照实际的价值进行调整,才会产生库存资产的变动。

2)维修用料查询

可以通过维修用料查询界面来查询维修过程中所有用料的情况。在维修用料查询界面中,可以按照具体的配件来查询,也可以按照时间段来查询。要查询具体的业务用料,通过界面上方的条件进行组合,就可以了。需要注意的事项有三个:

(1)"时间段"指的是维修单的登记时间段。

(2)"结算时间"指的是维修单结算的时间范围。

(3)在统计时要注意领料状态("全部"、"在用"或者"已结算")。

3)维修项目查询

通过维修项目查询,可以查询时间段内所有维修单中各种维修项目的统计信息,包括项目的标准工时、工时费、考核工时、实际工时以及完工时间、状态等。通过状态的选择可以查询所有未派工、维修中、停工、已修好、未修好的维修项目。

4)维修人员业务查询

维修人员指的是车间的维修工,统计的是每个维修工派工的情况、完成的情况和应得的奖金提成等。

系统记录了维修人员的派工次数,所有派工的工时情况、奖金系数、奖金和提成金额,以及被派工的车辆信息。

5)维修报表统计

维修报表统计了相应时间段内整个汽车维修情况的各种信息,包括维修项目、用料和其他费用信息三大类。

(1)项目信息包括:所有维修单中的工时费、保险工时费、索赔工时费。

(2)用料信息包括:材料费、保险材料费、索赔材料费、材料成本等。

(3)其他费用包括:管理费、外加工费、检测费用、漆辅料费用以及漆辅料成本等。

在维修报表中可以根据需要,选择不同的查询条件。例如按照登记时间显示所有维修单据的信息,也可以只显示已结算的维修单据信息等。通过"车辆维修汇总"的统计,可以查看到任意一辆车在修理厂的所有维修情况,还可以将所有维修项目和用料分类统计并打印。

3 其他信息统计分析

1)维修客户流失情况统计

系统将最近一段时间(无业务时间段)没有再来本店发生业务的客户定义为可能流失客户。通过系统还可以查询到某时间段内客户来店次数以及消费金额等。

2)客户贡献度统计

客户贡献度统计列出了所有客户在某时间段内所消费的次数、消费额、毛利以及毛利率。毛利和毛利率越高,说明该客户对修理厂的贡献越大。可以按照业务统计客户的贡献度并对其进行分类。

二、任务实施

项目1 销售情况统计

1 项目说明

销售情况统计包括:按配件汇总销售情况、按客户汇总销售情况以及按销售员汇总销售情况。这三部分通过三个不同的角度分析配件在销售过程中所产生的问题,帮助管理者以及库房和销售部门对配件进销流程进行相应的调整。

2 操作要求

(1)查询统计分析时,要将查询时间段标注清楚,确定查询时间范围。

(2)为了避免显示过多无用信息,查询时可以选择"只显示有销售业务的客户"这一查询条件。

(3)统计时可遵循由总到分、由面到点的原则,当出现问题时,再按照细化条件进行查询。

3 设备器材

(1)计算机一台。
(2)打印机一台。
(3)查询统计报表若干张。
(4)销售单据明细若干。

4 作业准备

(1)检查计算机、打印机、网络是否正常。　　　□ 任务完成
(2)检查汽车维修服务企业管理软件是否能正常运行。　□ 任务完成
(3)掌握销售单据及销售退货单据明细　　　　　□ 任务完成
(4)与相关方面(如销售员、部门经理、总经理)沟通协调　□ 任务完成

5 操作步骤

1)第一步　按配件统计销售情况

点击"报表"下的"按配件统计销售情况",在弹出的"按配件统计销售情况"里面,把筛选条件选上,点击"统计",所有符合的信息就会显示出来,如图8-1所示。

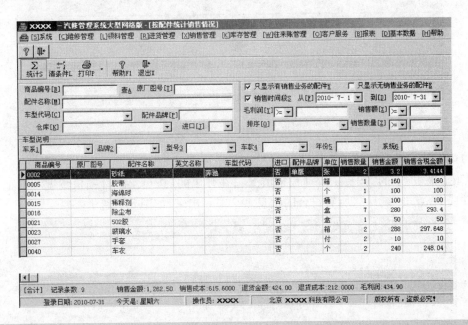

图8-1　按配件统计销售情况

2)第二步　按客户统计销售情况

点击"报表"下的"按客户统计销售情况",在弹出的"按客户统计销售情况"里面,把筛选条件选上,点击"统计",所有符合的信息就会显示出来,如图8-2所示。

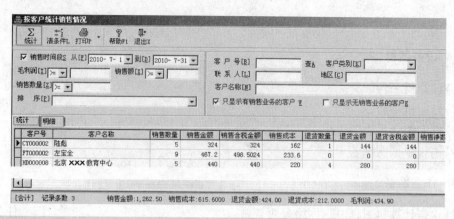

图 8-2　按客户统计销售情况

选中需要查看明细的客户信息，点击"明细"，就可以查看到该客户的详细信息，如图 8-3 所示。

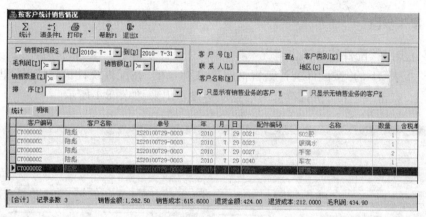

图 8-3　按客户统计销售明细

3）第三步　按员工统计销售情况

点击"报表"下的"按员工统计销售情况"，在弹出的"按员工统计销售情况"里面，把筛选条件选上，点击"统计"，所有符合的信息就会显示出来，如图 8-4 所示。

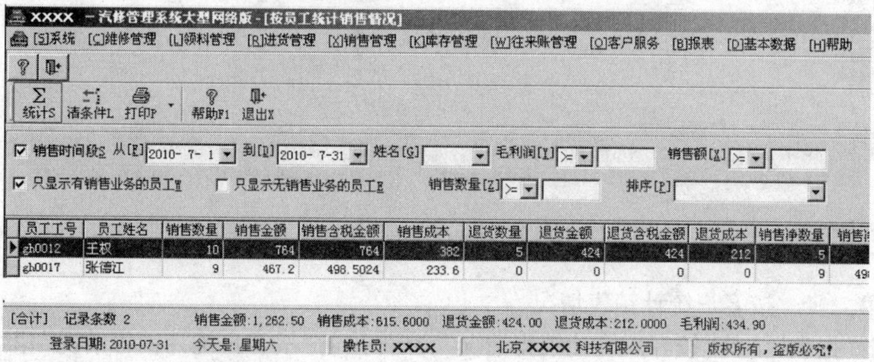

图 8-4　按员工统计销售情况

项目2　进货及出库情况统计

1　项目说明

进货及出库情况统计包括：按配件统计进货情况、按供应商统计进货情况以及按配件统计出库情况。这三部分通过三个不同的角度分析配件在采购及出库过程中所产生的问题，帮助管理者以及库房和销售部门对配件进销流程进行相应的调整。

2　操作要求

（1）查询统计分析时，要将查询时间段标注清楚，确定查询时间范围。
（2）为了避免显示过多无用信息，查询时可以选择"只显示有业务的客户"这一查询条件。
（3）统计时可遵循由总到分、由面到点的原则，当汇总统计出现问题时，再按照细化条件进行查询。

3　设备器材

（1）计算机一台。
（2）打印机一台。
（3）查询统计报表若干张。
（4）采购相关单据明细、配件出库相关单据明细若干。

4　作业准备

（1）检查计算机、打印机、网络是否正常。　　　　　　　　□　任务完成
（2）检查汽车维修管理企业管理软件是否能正常连通。　　□　任务完成
（3）掌握入库单据及出库单据明细。　　　　　　　　　　　□　任务完成
（4）与相关方面（如供应商、维修顾问、公司财务）沟通协调。□　任务完成

5　操作步骤

1）第一步　按配件统计进货情况

点击"库存管理"下的"出入库汇总表"，在弹出的"按配件统计进货情况"里面，把筛选条件选上，点击"统计"，所有符合的信息就会显示出来，如图8-5所示。

2）第二步　按供应商统计进货情况

点击"报表"下的"按供应商统计进货情况"，在弹出的"按供应商统计进货情况"里面，把筛选条件选上，点击"统计"，所有符合的信息就会显示出来，如图8-6所示。

选中某个供应商点击"进货台账"，在弹出的窗口里面，点击"统计"，就可以看到进货列表，如图8-7所示。

在"供货台账"窗口，点击"供货明细"，即可看到，该业务单的供货明细列表信息，如图8-8所示。

在"供货台账"窗口，点击"业务明细"，即可看到，该业务单的业务明细信息，如图8-9所示。

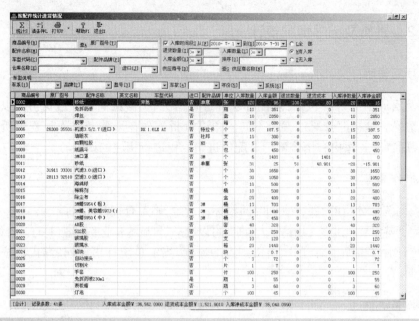

图 8-5　按配件统计进货情况

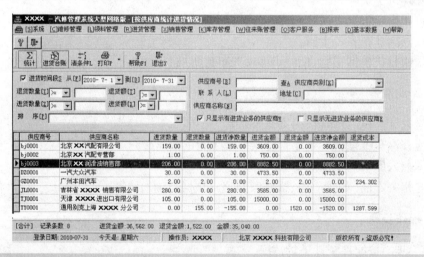

图 8-6　按供应商统计进货情况

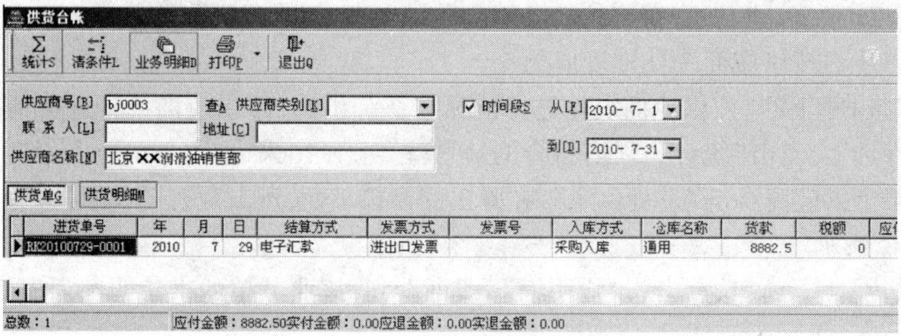

图 8-7　供货台账

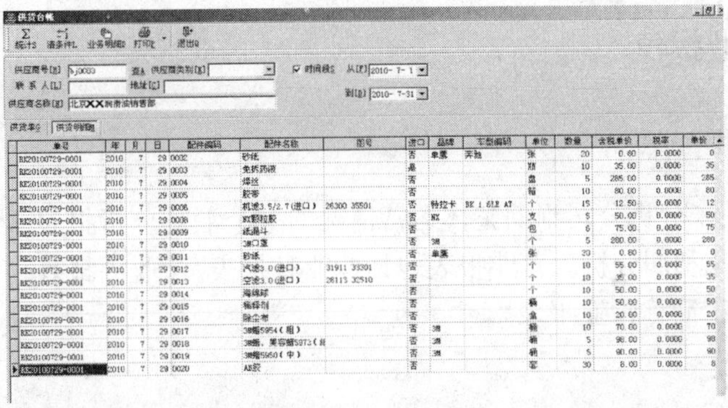

图 8-8　供货明细窗口

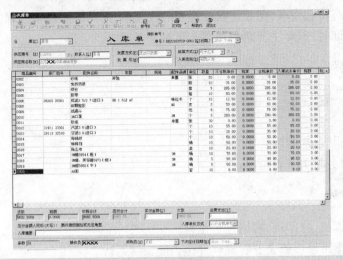

图 8-9　业务明细窗口

3）第三步　按配件统计出库情况

点击"报表"下的"按配件统计出库情况"，在弹出的"按配件统计出库情况"里面，把筛选条件选上，点击"汇总"，所有符合的信息就会显示出来，如图 8-10 所示。

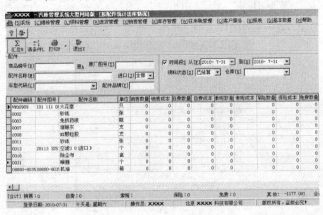

图 8-10　按配件统计出库情况

项目3　营业报表

1　项目说明

营业报表是用来分析公司当期整体运营情况的一个汇总分析报表,内容包括库存成本分析、营业统计以及利润分析。营业报表包括营业日报表、营业周报表、营业月报表和自定义时间段营业报表(简称营业报表)。

2　操作要求

(1)统计分析时,要将查询时间段标注清楚,确定查询时间范围。
(2)如果没有特殊要求,在制作营业报表的过程中,无需添加过多的筛选条件。
(3)多期查询时,需要注意期初和期末金额是否对应。

3　设备器材

(1)计算机一台。
(2)打印机一台。
(3)营业日报表、周报表若干。
(4)市场、财务相关资料若干。

4　作业准备

(1)检查计算机、打印机、网络是否正常。　　　　　　□ 任务完成
(2)检查汽车维修服务企业管理软件是否能正常运行。　□ 任务完成
(3)掌握公司整体运营情况及各种单据明细。　　　　　□ 任务完成
(4)与相关方面(如各部门负责人、总经理)沟通协调。　□ 任务完成

5　操作步骤

点击"报表"下的"营业报表",在弹出"营业报表"条件选择窗口时,什么条件也不填写,统计日期选定 2010-7-29 至 2010-7-31,点击"确定",如图 8-11 所示。

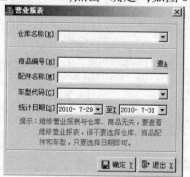

图 8-11　营业报表——条件选择窗口

营业报表显示如图 8-12 所示。

营 业 报 表

统计仓库：全部
编制单位：北京　　　　科技有限公司　　　　报表日期：2010-07-29至2010-07-31

期初库存余额	18250.0000	本期库存余额	55431.0800
本期入库总额	42044.4000	本期出库总额	4863.3200

项　目	入库金额		出库金额		净额	
采购成本	采购入库：	36562.0000	采购退货：	1521.9010	采购净额：	35040.0990
调拨成本	调拨入库：	1800.0000	调拨出库：	1800.0000	调拨净额：	0.0000
盘点成本	盘盈入库：	3470.4000	盘亏出库：	73.3190	盘点净额：	3397.0810
维修用料	退料入库：	0.0000	领料出库：	852.5000	维修用料：	852.5000
内部用料	内部退料：	0.0000	内部领料：	0.0000	内部用料：	0.0000
销售成本	销售退库：	212.0000	销售出库：	615.6000	销售成本：	403.6000

本期营业总收入(含税)	3467.95	本期营业净收入(含税)	3467.95
配件销售货款(不含税)	1231.20	配件销售净收入(含税)	838.50
减：配件销售优惠金额	0.00		
减：会员销售抵扣金额	0.00		
配件销售收入(含税)	1262.50	减：配件销售退回金额	424.00
维修营业收入(不含税)	2464.34		
其中：材料费	1951.34		
工时费	513.00		
材料索赔收入	0.00		
工时索赔收入	0.00		
减：索赔优惠金额		0.00	
材料理赔收入	0.00		
工时理赔收入	0.00		
减：理赔优惠金额		0.00	
管理费	0.00		
外加工费	0.00		
检测费	0.00		
其他费	0.00		
减：维修(自费)优惠金额		0.00	
本期营业成本净额		2778.0010	
其中：配件销售成本		403.6000	
维修领料成本		852.5000	
其他成本		0.0000	
索赔成本		0.0000	
理赔成本		0.0000	
采购退货成本		1521.9010	
本期消耗成本总额		2778.0010	(含内部领料净额)
采购退货金额	1522.00		
本期毛利润	2015.54	资产变动(盘点和货值调整)：	3397.0810
税金　进项税：	139.96	销项税：196.41	备注：运费　0.00

主管：　　　　制表：

图 8-12　营业报表

项目4　维修情况查询及统计

1　项目说明

维修情况查询统计主要针对维修业务的具体内容进行汇总分析，包括维修用料查询、维修项目查询、维修人员业务查询、维修报表、车辆返修统计等。

2　操作要求

(1)维修用料查询中的时间段为领料时间，结算时间为单据结算时间。

(2)维修项目查询中的时间段为项目完工时间。
(3)维修人员业务查询中的派工时间为维修工派工时间,结算时间为单据结算时间。
(4)维修报表中的登记时间为单据的登记时间,结算时间为单据的结算时间。
(5)车辆返修统计中的原单据登记时间,为返修单原单据对应的登记时间。

3 设备器材

(1)计算机一台。
(2)打印机一台。
(3)领退料单、派工单若干。

4 作业准备

(1)检查计算机、打印机、网络是否正常。　　　　　　　□ 任务完成
(2)检查汽车维修服务企业管理软件是否能正常运行。　　□ 任务完成
(3)掌握维修用料、维修项目、维修人员派工及车辆返修的详细情况。　□ 任务完成
(4)与相关方面(如车间负责人、部门负责人)沟通协调。　□ 任务完成

5 操作步骤

1)第一步　维修用料查询

点击"报表"下的"维修用料查询",在弹出的"维修用料查询"里面,把时间段和结算时间同时选定为"2010-7-1 到 2010-7-31",点击"统计",所有 2010 年 7 月份用料信息都显示出来,如图 8-13 所示。

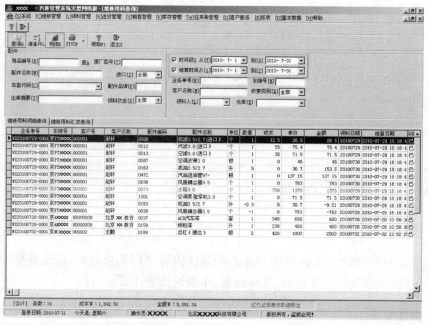

图 8-13　维修用料查询

点击"维修用料汇总查询",即可看到汇总列表,如图 8-14 所示。

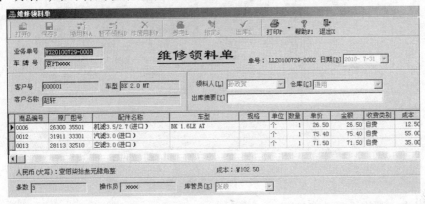

图 8-14　维修用料汇总查询

点击"明细",即可看到该条记录所对应的明细信息,如图 8-15 所示。

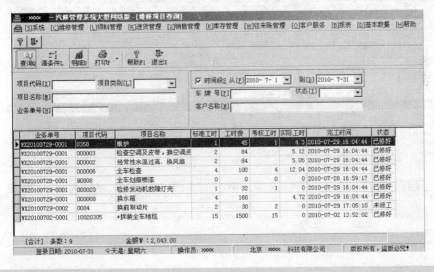

图 8-15　维修用料明细

2)第二步　维修项目查询

点击"报表"下的"维修项目查询",在弹出的"维修项目查询"里面,把时间段选定为"2010-7-1 到 2010-7-31",点击"查询",所有符合条件的信息就会显示出来,如图 8-16 所示。

点击"明细",即可看到该条记录所对应的明细信息,如图 8-17 所示。

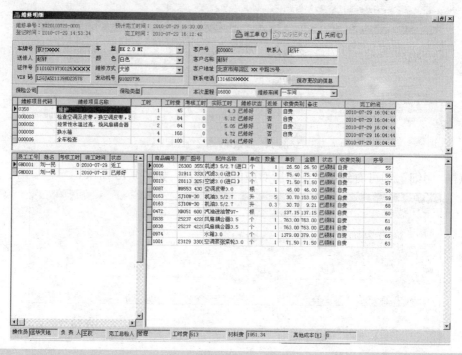

图 8-17　维修项目明细

3）第三步　维修人员业务查询

点击"报表"下的"维修人员业务查询",在弹出的"维修人员业务查询"里面,把派工时间和结算时间都选定为"2010-7-1 到 2010-7-31",点击"查询",所有符合的信息就会显示出来,如图 8-18 所示。

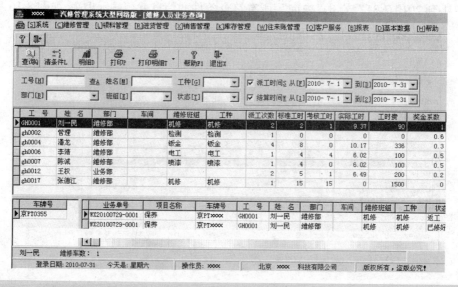

图 8-18　维修人员业务查询

选上某维修人员,点击"明细",即可看到该条记录所对应的明细信息,如图 8-19 所示。

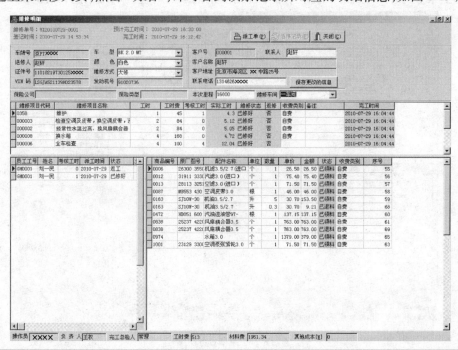

图 8-19　维修人员业务明细

4)第四步　维修报表

点击"报表"下的"维修报表",在弹出的"维修报表"里面,把登记时间和结算时间都选定为"2010-7-1 到 2010-7-31",点击"统计",所有符合的信息就会显示出来,如图 8-20 所示。

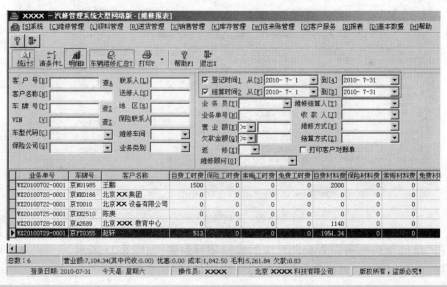

图 8-20　维修报表

选上某业务单号,点击"明细",即可看到该条记录所对应的明细信息,如图 8-21 所示。

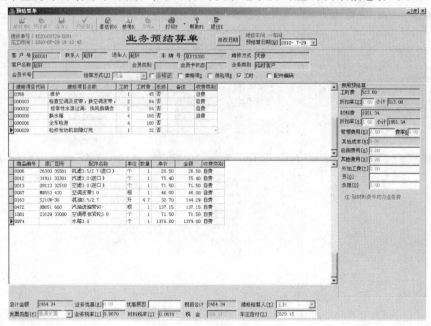

图 8-21 维修业务明细

点击"车辆维修汇总",弹出"车辆维修汇总明细",把登记时间和结算时间都选定为 2010-7-1 到 2010-7-31,点击"统计",所有符合的信息就会显示出来,如图 8-22 所示。

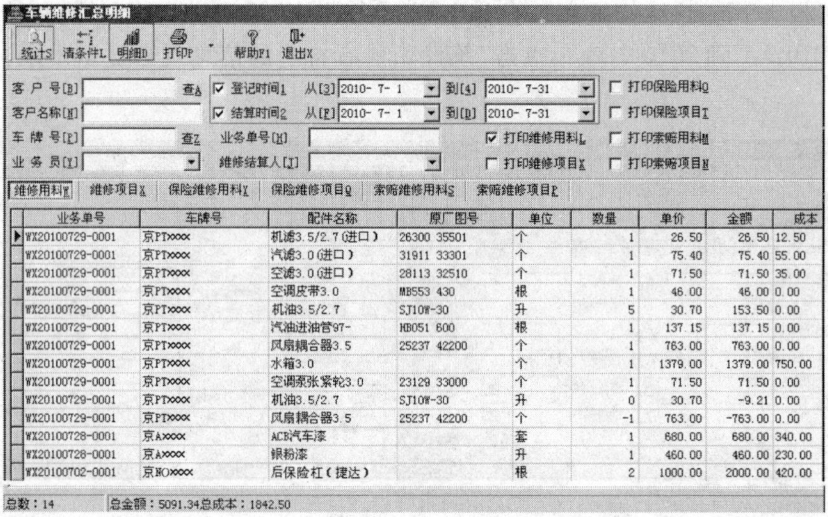

图 8-22 车辆维修汇总明细

点击"维修项目",可以看到相对应的维修项目列表,如图 8-23 所示。

同样,也可以查看"维修用料"、"保险维修用料"等信息。

在车辆维修汇总明细窗口点击"明细",即可看到该单据相对应的明细信息,如图 8-24 所示。

5)第五步 车辆返修统计

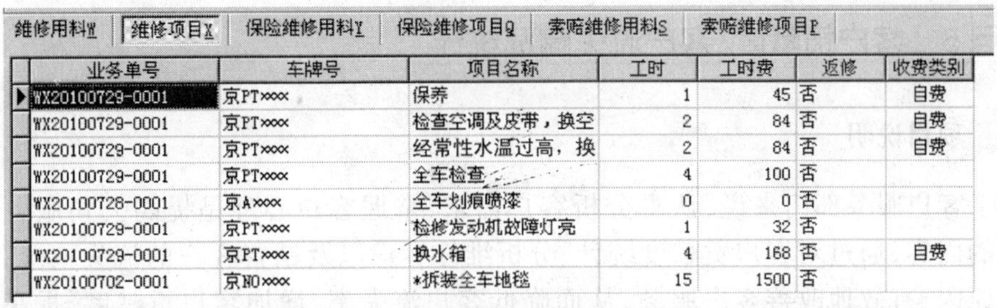

维修用料W | 维修项目X | 保险维修用料Y | 保险维修项目Q | 索赔维修用料S | 索赔维修项目P

业务单号	车牌号	项目名称	工时	工时费	返修	收费类别
WX20100729-0001	京PT××××	保养	1	45	否	自费
WX20100729-0001	京PT××××	检查空调及皮带，换空	2	84	否	自费
WX20100729-0001	京PT××××	经常性水温过高，换	2	84	否	自费
WX20100729-0001	京PT××××	全车检查	4	100	否	
WX20100728-0001	京A××××	全车划痕喷漆	0	0	否	
WX20100729-0001	京PT××××	检修发动机故障灯亮	1	32	否	
WX20100729-0001	京PT××××	换水箱	4	168	否	自费
WX20100702-0001	京N0××××	*拆装全车地毯	15	1500	否	

图 8-23 车辆维修汇总-维修项目

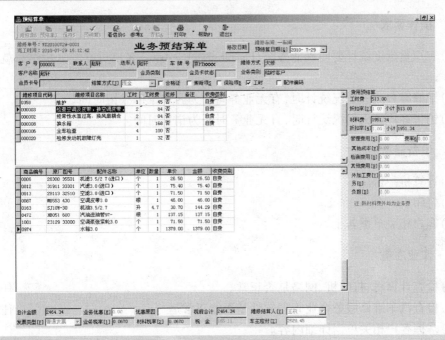

图 8-24 车辆维修汇总明细信息

点击“报表”下的“车辆返修统计”，在弹出的“车辆返修统计”里面，点击“查询”，所有符合的信息就会显示出来，如图 8-25 所示。

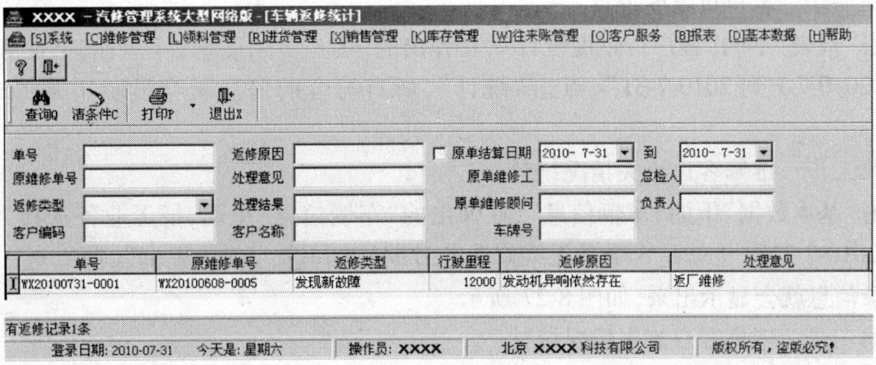

图 8-25 车辆返修统计

项目5 客户贡献度/客户流失情况统计

1 项目说明

对于客户服务部门来说,认真分析客户需求、掌握客户心理是提高公司服务水平非常重要的内容,通过对客户贡献度统计、分析维修客户以及销售客户的流失情况,找到客户流失原因,有效地改善客户服务,从而降低客户流失率,增加客户贡献度,提高公司的效益。

2 操作要求

(1)客户贡献度统计要明确业务统计时间,时间段不同,客户贡献度分析结果就会产生差异。
(2)维修客户流失情况统计时,有无业务时间为客户维修登记时间。
(3)销售客户流失情况统计时,有无业务时间为销售时间。

3 设备器材

(1)计算机一台。
(2)打印机一台。
(3)客户相关单据若干。

4 作业准备

(1)检查计算机、打印机、网络是否正常。　　　　　□ 任务完成
(2)检查汽车维修服务企业管理软件是否能正常运行。　□ 任务完成
(3)掌握客户相关单据详细内容。　　　　　　　　　□ 任务完成
(4)与相关方面(如客户服务部门、维修部门、销售部门)沟通协调。　□ 任务完成

5 操作步骤

1)第一步　客户贡献度统计

点击"报表"下的"客户贡献度统计",在弹出的"客户贡献度统计"里面,把业务时间段选定为"2010-7-1 到 2010-7-31",点击"统计",所有符合的信息就会显示出来,如图 8-26 所示。

2)第二步　维修客户流失情况统计

点击"基本数据"下的"车辆信息",在弹出的"车辆信息"里面,把无业务选择为"2010-4-30 到 2010-7-31"(也就是3个月无维修业务日期)并勾选,点击"查询",所有近3个月无维修记录信息就会显示出来,如图 8-27 所示。

3)第三步　销售客户流失情况统计

点击"报表"下的"按客户统计销售情况",在弹出的"按客户统计销售情况"里面,把销售时间段选定为"2010-4-30 到 2010-7-31"(也就是3个月销售日期),并把"只显示无销售

学习任务8　信息查询和统计

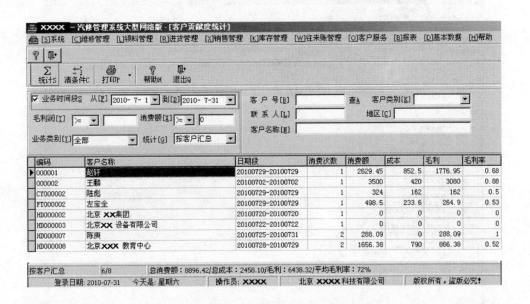

图 8-26　客户贡献度统计

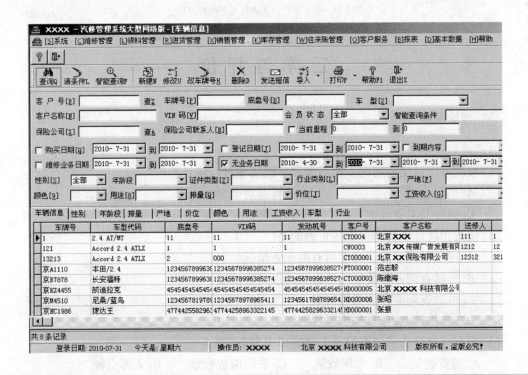

图 8-27　统计3个月无维修业务的车辆信息

业务的客户"勾选,点击"查询",所有近3个月无销售记录信息就会显示出来,如图8-28所示。

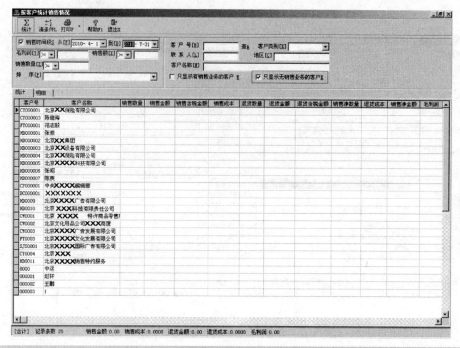

图 8-28　统计 3 个月无销售业务的客户信息

三、学 习 评 价

1　理论考核

1）选择题

（1）按配件统计销售情况不能对哪项单据明细进行统计？（　　）

　　　A. 销售金额　　　　　　B. 销售退货金额

　　　C. 销售及退货成本　　　D. 销售客户

（2）按员工统计销售情况描述正确的是（　　）。

　　　A. 可以查询业务员当期所有的业务情况

　　　B. 可以查询业务员当期销售及销售退货情况

　　　C. 可以查询业务员销售明细

　　　D. 可以查询业务员销售退货明细

（3）按配件统计进货情况没有下列哪项查询条件？（　　）

　　　A. 退货数量　　B. 入库数量　　C. 采购退货数量　　D. 入库金额

（4）按供应商统计进货情况可统计下列哪项内容？（　　）

　　　A. 可查询供应商进货净数量　　B. 可查询供应商进货净金额

　　　C. 可查询供应商供货台账　　　D. 以上都可统计

（5）按配件统计出库情况不能统计哪项内容？（　　）

A. 工具领用　　B. 销售配件　　C. 出库领料配件　　D. 调拨出库
（6）维修用料查询描述错误的是（　　）。
　　A. 维修用料查询可查询所有领用出库的配件
　　B. 维修用料查询可查询所有退料的配件
　　C. 维修用料查询可查询单据配件汇总
　　D. 维修用料查询可查询内部维修领料
（7）维修项目查询不能查询哪项内容？（　　）
　　A. 维修项目状态　　　　　　B. 维修项目工时
　　C. 维修项目派工　　　　　　D. 维修项目工时费
（8）维修人员业务查询中不可查询（　　）。
　　A. 维修人员所修车辆　　　　B. 维修人员所修项目
　　C. 维修人员的业绩　　　　　D. 维修人员工资
（9）维修报表中不能查询（　　）。
　　A. 维修单据结算信息　　　　B. 维修单据欠款
　　C. 未结算维修单据　　　　　D. 维修单据内容汇总
（10）车辆返修统计通过哪项查询，可查询某维修单所有返修情况的（　　）。
　　A. 原维修单号　　B. 返修单号　　C. 返修类型　　D. 返修原因

2）思考题

请问如何查询员工配件销售情况，查询出的汇总结果应结合哪些查询找到相应的明细单据？

2　技能考核

1）项目1

统计出近一个月内配件的入库及出库情况，并列出单据列表。

2）项目2

统计近一个月已结算的维修单汇总表，并列出车辆维修汇总明细。

信息查询和统计操作项目评分表如表8-1所示。

信息查询和统计操作项目评分表　　　　　　　　　　表8-1

基本信息	姓名		学号		班级		组别	
	规定时间		完成时间		考核日期		总评成绩	
任务工单	序号	考核项目		标准分（总分100分）		考核标准		评分
	1	考核准备： 工具： 设备：		5				
	2	按配件统计进货情况		10		未按要求统计扣10分，统计错误扣5分		

续上表

	序号	考核项目	标准分（总分100分）	考核标准	评分
任务工单	3	按供应商统计进货情况	10	未按要求统计扣10分，统计错误扣5分	
	4	按配件统计出库情况	10	未按要求统计扣10分，统计错误扣5分	
	5	采购单查询 采购退货查询 销售查询 销售退货查询 维修用料查询 其他出库单据查询	20	未按要求统计扣10分，没统计错误一项扣5分	
	6	维修报表及车辆维修汇总	10	未按要求统计扣10分，统计错误扣5分	
	7	维修用料查询 维修项目查询	10	未按要求统计扣10分，统计错误扣5分	
	8	客户贡献度统计及客户流失情况统计	10	未按要求统计扣10分，统计错误扣5分	
5S			5		
团队协作			5		
沟通表达			5		

学习评价选择题答案

学习任务1

1	2	3	4	5
B	A	D	B	C

学习任务2

1	2	3	4	5	6	7	8	9	10
D	B	C	D	A	C	B	C	A	B

学习任务3

1	2	3	4	5	6	7	8	9	10
B	C	C	C	D	D	A	C	B	D

学习任务4

1	2	3	4	5	6	7	8	9	10
A	C	B	D	A	D	C	A	B	C

学习任务5

1	2	3	4	5	6	7	8	9	10
B	A	D	D	C	A	B	D	C	D

学习任务6

1	2	3	4	5	6	7	8
B	D	C	D	A	B	B	A

学习任务7

1	2	3	4	5	6	7	8	9	10
C	B	D	A	D	B	D	A	D	D

学习任务8

1	2	3	4	5	6	7	8	9	10
D	B	C	D	A	D	C	D	C	A